生命，因**閱讀**而**大好**

活得漂亮！

給中年後的我自己

一田憲子——著　蘇暐婷——譯

前言

我這個人很少未雨綢繆，因為總覺得計畫永遠趕不上變化。所以儘管今年我已經五十八歲了，卻從未想過要為晚年儲蓄或者規畫退休生活。

有一種裝置叫做「轉轍器」，能改變電車行駛的軌道。當這個裝置發出「哐噹」一聲，原本行駛於左線道的電車，就會從分岔點切換至右線道。以前的我從不擔心將來的事，如今「哐噹」聲卻在不知不覺間隱隱傳來，令人心頭一驚。

我現在體力衰退、容易疲倦，拓展工作領域的速度放慢了，對未知世界的期待也減少了。可是，我總覺得從很久以前，我就在盼望自己能從特快車行駛的左線道，切換到各站停車的右線道。

打從年輕時，我就常常自問：「幸福是什麼？」從事喜愛的工作、買漂亮的餐具、住在舒適的房子裡……我一片片蒐集著「幸福」

的拼圖，卻隱約覺得拼圖的背後還有一扇門，「門後」的世界才有真正的「幸福」。那種「幸福」是不必汲汲營營、不必打破砂鍋問到底、不必聚沙成塔也能得到的。

然而，接觸那種「幸福」卻令我有點害怕。肉眼可見的「幸福」，靠「努力」就能得到。但是不靠賺錢、不追求出人頭地，甚至體力不支、生病時也屹立不搖的「幸福」，又該怎麼體會呢？我想，唯有在原本「做得到」的事情變得「再也做不到」的時候，才有辦法領悟那種「幸福」。

聽到「人生走下坡」也許會覺得有些淒涼，但我卻很期待在後半生「哐噹」一聲切換軌道後，尋找或許就在前方的「幸福」。所以，我要不怕、不慌，哼著旋律走下去。因為我相信即使是下坡路，一定也會樂趣無窮！

幸福未必一定得擁有什麼，
退休後的時光也可以多采多姿。
也許我們的後半生，
正是轉換方向的好機會。

目錄 CONTENTS

Chapter 1 上了年紀更明白 怎麼照顧自己

Chapter 2

面對老化 往後的生活

Chapter 3

檢視人際關係

人與人的相處之道

Chapter 4

平衡最重要
適當的健身與打扮

Chapter 1

上了年紀更明白
怎麼照顧自己

即使凋零，也要繼續享受人生

光鮮亮麗的女演員，曾幾何時從大銀幕和電視機上消失了；雜誌特輯常見的料理研究家與造型師，漸漸地不再露面；一同共事過的作家與攝影師前輩，默默地回到老家，或者根本不再從事這一行……。每當我得知這些消息，腦海中就會響起「噹」的鐘聲，浮現小學時讀過《平家物語》中的一節：「祇園精舍之鐘聲，有諸行無常之響；沙羅雙樹之花色，顯盛者必衰之理。」沙羅雙樹，又稱「娑

羅樹」，別名「夏椿」，它的花苞相當堅硬，綻放後卻稍縱即逝，開始枯萎。這世上沒有什麼是永恆不變的，無論曾經多麼燦爛，終究會隨著時間而衰退、消逝。到了我這個年紀，便會深切體認到這是世界的真理。

年輕時的我總覺得那樣好淒涼，不敢想像我也會有那麼一天，因此一直在想辦法讓自己不要枯萎，希望老了也能繼續燦爛耀眼。

然而，即將邁入六十歲大關的我卻開始懂得，從螢光幕上消失的人，也許正在陪家人度過平靜的生活；離開雜誌鎂光燈的人，也許終於能享受悠閒的一天。

多年以來，我的價值觀一直是「燦爛盛開時最美」。我喜歡思考如何讓「自己」這朵花開得姹紫嫣紅，我最關心的事就是該怎麼灌溉、施肥，才能栽培出更美麗的花朵。不過，也許退出第一線以後，在孫子簇擁下吃晚餐的時光，以及從前忙碌時無法想像的、獨自靜靜閱讀一本書的時光，可以為我們帶來不同以往的喜悅。

花朵燦爛盛開後，會有什麼樣的「樂事」發生？又有哪些事情，是枯萎老朽後才能體會得到？要參透這些，就得「轉一下」自己的觀念與感性，去面對全新的世界。在新世界裡，過去的刻度是不管用的，必須用新的「單位」去衡量才行。

好的物質水準可以提升生活品質，例如北歐家具、藝術家創作的器皿、用上好的布料與版型製成的服裝等等。可是另一方面，亨利・大衛・梭羅（Henry David Thoreau）在《湖濱散記》中寫道：「即使衣衫襤褸，也沒什麼損失。」

幸福未必一定得擁有些什麼，即使賺不了大錢，也能過得很充實；離開心愛的工作崗位，照樣能活得多采多姿。進入人生的下半場，或許正是改變觀點、轉換方向的好機會。於是我也開始懂得放下過去的種種堅持，戴上新的眼鏡重新觀察這個世界。

以前的我眼中只有一座又一座的高山，攀爬了這麼多年，如今要面對「下坡」，當然會難過，覺得自己輸了、好不甘心。可是自從有了「我也可以開心走下坡」的念頭後，我便對將來充滿了期盼。

人一定要成為「當事者」，才能看清眼前的現實。我已經不年輕了，不僅體力衰退，許多事情也漸漸辦不到了，更殘酷的是，人生所剩的時間越來越少。直到邁入五十世代後期，我才開始正視自己正在「走下坡」。當自己變成「事主」後，我一改「否定」的角度，改用「肯定」的方式來思考。畢竟一直不肯接受「現在」，只會在不幸的漩渦裡越陷越深，唯一能夠擺脫它的方法，就是「肯定這一切」。

做不到也沒關係，賺不了錢也不打緊，而皺紋浮現了、體力下滑了，也都很正常。我要找出即使放下過去所擁有的事物，也能繼續幸福的方法。這種幸福不會受到外在條件影響，是人類真正的心靈支柱。我想找出這個幸福的寶物，把它擦得亮晶晶的，在我變成滿臉皺紋的老太太後，依然能大聲說出：「我很幸福！」我要在花朵凋零後，慢慢品味老後時光。

學會操之在我

我出生於一九六四年，再過兩年就要六十歲了，真是歲月如梭！到最近我還一直覺得自己只有三十幾歲呢……。心境還停留在三十幾歲，實際年齡卻已屆花甲，照理來說應該唉聲嘆氣才對，但現在的我卻比想像中還要豁達，連我自己都嚇了一跳。不過，既然退休年齡是六十五歲，我當然想繼續在職場發光發熱——更精確地說，並不局限於「職場上」，而是在「人生路上」！這個時代人人

都可能活到一百歲，對年齡的界定方式也該與過去大不相同才對，說不定像我一樣「不服老」的人，遠比想像中的還多。

我記得自己年輕的時候，都以為「六十幾歲」就是「老太婆」了，可是現在身邊五十幾歲後半到六十幾歲的人，看上去都還很年輕！不僅熱愛工作、樂於打扮，也會主動吸收資訊，例如好吃的餐廳、想看的電影、精彩的美術館展覽等等。明明「老」已近在眼前，卻依然過得忙碌而充實！雖然皺紋冒出來了、白髮也變多了，皮膚更不如二十幾歲時的光滑細緻，卻多了與年輕時不一樣的自信和處變不驚的風範，這些都源自於成熟與豐富的經驗，這種狀態不是很棒嗎？

然而，這條「不服老」之路，走起來卻難免戰戰兢兢，畢竟人都怕老，會擔心「別人不再需要我」。如何克服這種恐懼，正是六十歲後能否活得精彩快樂的關鍵。換句話說，我必須拋開「別人怎麼看我」的觀點，自己掌握人生的舵。

上了年紀以後，與別人來往的機會越來越少，從他人那裡得到的稱讚和肯定也漸漸變少，這令人深感不安與孤獨。既然如此，何不轉身離開呢？我大可站上全新的「操之在我」舞臺，不是嗎？

年輕時，我總是下意識把別人當作楷模，跟在後面亦步亦趨。我不停尋找範本，想弄清楚什麼樣叫做「好工作」、什麼樣才是雅緻豐富的生活。每當我深受啟發，就會學以致用，讓自己成長。可是，進入人生下半場以後，我開始意識到應該自己去思考和決定，哪怕只是不起眼的小事。我不必天天大魚大肉，只做些自己愛吃的家常菜，細嚼慢嚥就很好；我可以主動找人聊天，相約喝下午茶；我也可以決定「吃晚餐重於一切」，或抱持著「對方意願其次，重點是我想見面」的念頭。

像這樣自己決定每件「想做的事情」，不管是「做到」或「沒做到」，至少結果都掌握在手中。總而言之，建立好「我說了算」的王國，便能排除無謂的懊惱與寂寞。如此隨心所欲的生活，也只有上了年紀後才能體會。

於是，我發現從前「不可能」的，現在化為「可能」了。年輕時我認為太花時間、缺乏效率而放棄的事，如今大可憑直覺想做就做！例如現在我會聽Podcast，並重拾以前沒學好的歷史。經歷過一段照顧父母的日子後，我也開始思考社會是如何看待老年幸福，又是如何處理照護問題。我不必再考慮得失、不必擔心是否有用，只要傾聽自己的心聲，一一勾選「想做就做」的清單，說不定將來會看到另一番風景。這麼一想，我就覺得躍躍欲試。

當然，這不代表我可以整日悠悠哉哉，我還是必須工作、必須賺錢維持生計。儘管無法真的「只做想做的事」，但至少可以調整心態，讓自己多一點「隨心所欲」。畢竟都努力這麼久了，是時候決定自己想做的事了。這不僅是往後的樂趣所在，也是一種決心。

保持好奇心，欣賞下坡路的風景

當要忙的事情越來越少，感覺自己的人生正在走下坡時，心中難免會湧現一絲寂寞與不安。奇怪，明明以前忙得焦頭爛額，現在卻變得很清閒，我是不是已經「沒有用」了？未來我該走向哪裡？在大把的空白時間前，我變得心神不寧、坐立難安，拚了命跟從前一樣把行程塞滿，一心想擺脫這種狀態。

然而，當我出現「走下坡」的預感時，也冒出了一個想法：此刻

的擔憂和惶恐，會不會是來自我內心最根本的疑問？當我卸下了頭銜和角色，成為一個赤裸裸的「人」時，我該因為什麼而感到快樂？該把什麼視作明天的太陽？究竟什麼才是重要的？什麼又是幸福？這些疑問，恐怕早在年輕時就深埋於我心中，只是因為太過忙碌，疑問便默默沉入「現實」的泥淖裡，消失在眼前了。

為了工作忙得團團轉，全神貫注在眼前事物，一天便匆匆過去了，根本無暇「思考」，一如無根的浮萍隨波逐流，飄忽不定。所以才會有人藉著冥想和正念，集中精神在「當下」，想看清楚自己立於何處。

人生開始走下坡，也意味著要面對過去「視而不見」的種種，這是一件何其艱難的事。在過去，有些人只須全力工作，有些人只須全心育兒，人生的優先順位也許是「提升自己的能力，找份好工作」，或是「當個好媽媽，用心栽培小孩」。

當這些任務都卸下後，不禁令人重新思考：「人生的正確答案是什麼？」這表示我們必須調整原本的量尺，從零開始評估、建構「什麼是對自己有益的」。而這不僅很難立刻得出答案，有時甚至得徹底顛覆以往的價值觀。

踏上沒走過的路途容易站不穩，因此下坡路難免令人害怕、不安，但那不正是開始面對「真相」的鐵證嗎？畢竟上坡時，眼裡往往只有一望無際的天空，直到開始走下坡，才得以正視自己位在多高的地方、周圍的環境如何，以及山腳下有什麼東西。換句話說，這時才終於能夠俯瞰自己的人生，不用再急著前進，可以好好欣賞腳邊的花草、聆聽鳥兒的歌聲、眺望遠方遼闊的景色，緩緩走下坡。

話說回來，「悠閒的下坡時光」是怎樣的生活呢？待在家裡放鬆一整天固然愜意，但有時也需要刺激。單憑自己一個人很難有什麼新發現，勢必要走出家門，去接觸外在的事物、接受新的刺激才能豐富心靈生活，並把收穫帶回家反芻，與過去累積的經驗比較、思考一番。如果能取得這樣的平衡，生活一定會更精彩。

最好還能有朋友陪自己享受美食、聊聊想法與感觸，這有助於啟動心靈的引擎。吸收新資訊也是必要的，例如看有品味的人推薦的電影或好書。能否接收到高品質的資訊，正是快樂走下坡的必要元素。

然後，要記得幫自己安排「思考」的時間，如果糊里糊塗起床，再糊里糊塗吃飯，一天就會糊里糊塗地過去了。因此，必須懂得從他人那裡接受刺激，挖掘自己的內在。至於如何規畫這段時間就因人而異了，像我的話一定要寫作，我會在「無印良品」的A4薄頁筆記本上，記錄今天發生的事情與我的感想，以及我明白了什麼、不明白什麼。當我把腦海中的東西寫到紙上，發現一週前的感想居然與今天新接觸的事物串聯在一起，那真是有趣極了！一旦有了新發現，新的疑問也會隨之而來，持續解開眼前的疑問，或許就是避免自己枯萎，在下坡路上綻放小花的祕訣吧！

在四十多歲時，我驚覺該下山了

如今回想起來，四十多歲雖然不年輕，但也不算老，卻是我最慌張的時候。二、三十歲的我一直在全力奔馳，直到四十多歲踩煞車時，才頭一次觀察自己的腳步，赫然發覺我居然不知道自己身在何處。我只是一個勁兒地向前衝，一心想著該如何獲得更多，腦中都是填不完的渴望。等到上了年紀、累積了一些成就，我才突然想看看自己到底成了什麼樣的人。我跑啊跑啊，第一次回頭觀察，自己

究竟走過了哪些地方。四十歲以後，我才終於能慢下腳步回頭省視走過的路，並思考目前的路是否正確，能不能繼續往下走。

結果讓我嚇了一跳。倘若將來我仍以同樣的方式前進，我肯定會枯萎，只能一路滾下山坡。身為一名自由作家，我雖然累積了一些成績，但身邊的編輯一個個都比我年輕，一定會想找更年輕的作家合作；身處自由業，累積經驗會不會根本不重要，那我豈不是白白變老了嗎？

就在我陷入茫然，不知該如何向前走的時候，是我從年輕時就很仰慕的作家田口藍迪的一席話鼓勵了我。

「二、三十歲的時候，我急於表現自己，一心想告訴大家：『看，因為我有參與，事情才這麼順利。』人之所以獲得社會的肯定，大多是因為他參與後影響了形形色色的人。……想大聲宣布『我有參與』固然是人之常情，卻也令人感到空虛。為什麼呢？因為若不持續參與，就不會受到肯定，可是人生總有無法參與的時刻，例如年

紀大了，或是生病了。」（出自《生活重心》（暮らしのおへそ）第八期）

她也曾在散文中提到：「當一個人變老、無法創造時，他的價值又在哪？」這讓我頗有感觸。「無法再創造」等於不能工作，也就是說，這是一個對於「當我們老了，無法繼續工作或創造價值時該如何獲取幸福」的疑問。

藍迪是這麼回答的：「只要我們把內心的兩種矛盾統合起來，就能對世界產生貢獻。」

「統合」一詞令我的雷達嗶嗶作響。原來我將來還可以把已有的東西串聯、融合起來，這樣就不必再追尋更多。只要將已有的組合起來，手中便擁有了無限的可能，這不是一件很棒的事嗎？那我就不必擔心自己枯萎了吧？我彷彿看到前方出現一條嶄新的路，這個體悟成了我對「年齡」看法改變的轉捩點。

年輕時，我享受接觸新知的過程，學會一件事令我充滿成就感，因此我一心沉浸在自我成長中。但是人不會永遠都在爬坡，總有下山的時候。這時，不要垂頭喪氣，不要只想著「我已經無法再成長了」，而是要懂得好好欣賞眼前遼闊的風景，快樂走下坡。「統合」，是此中的關鍵字，換句話說，就是檢視過去得到的東西，把它們一一列出來並重新建構。就像是把分散在各個口袋裡的東西拿出來放在同一張桌子上，思考「這些東西可以做什麼」，偶爾再加入一些新零件。這大概就是所謂的「成熟」，是人生後半場的新樂趣吧！

幫自己打地基時，先衝再說

年輕時，我其實不懂「什麼是社會」、「什麼是大環境」，只是拚了命想融入當下身處的世界。學生時代當個好學生、畢業後擔任男業務的助理、成為自由作家後與小有名氣的雜誌合作、寫出好文章……我就像是一條變色龍，在不同的場合、不同的時刻，不斷根據周遭環境調整自己的顏色。

五十歲生日時，我赫然發現「自己的所剩時間，已經比活過的歲

數還要短」，心中不禁一片茫然。假設我能活到八十歲，那麼還剩下三十年，如果是九十歲，還剩下四十年，其中大概只有二十年是健康的吧？想到這兒，我不由得捫心自問：「我這一生都在迎合周遭，難道要這樣過一輩子？」

隨心所欲地生活看似簡單且理所當然，但想要實踐卻是難上加難，最大的關卡就是「確保收入」。要賺錢維持生計就得忍耐，就算沒那麼喜歡也得硬著頭皮做，這就是我年輕時的觀念。然而一般公司的退休年齡通常是六十五歲，換句話說，年紀越大，工作機會也會越來越少。我是自由作家，固然不受退休年齡限制，但與年輕時相比，工作量確實減少了。既然機會必然會流失，那麼在人生的下半場，何不改變過去的思維，從「喜歡」出發，來一場大冒險呢？

我在六年前，也就是五十二歲那年，創立了自己的部落格網站「外音內香」（外の音、内の香）。寫作多年，我總是擔心隨著年紀越來越大，工作邀約會越來越少。所以我為自己創造了「書寫天地」，期盼自己成為老太太以後，仍然可以興奮地記下當天的新鮮事！建立這個網站不是為了賺錢，我在毫不了解網站收益的情況下，決定且戰且走、先衝再說。

儘管一切都還在摸索，但自從建立網站後，不知不覺中生活起了變化。越來越多人告訴我「每天都很期待讀你的文章」，於是網站成為我不可或缺的小天地，讓我可以記錄一天的感受和想法。其實，在創建網站的時候，很多人都建議我收費，但直覺告訴我，這麼做不太妥。如今看來，當初的決定是正確的。因為免費，更多人得以讀到我的文章，雖然沒有收入，卻是讓更多人認識我的重要窗口。

自從有了這個網站，每當我出新書在上面宣傳，就會有人留言：「我想看！」當我宣布開寫作課時，也會有人主動報名參加，這些都超出了我原本的計畫。默默地，這個網站已經化為實現「自我挑戰」的平臺。

正因為「未來」比「過去」短暫，現在的我更能切身體會「先衝再說」的重要性。這不僅僅是在工作上，也包括舉辦跳蚤市場、就讀感興趣的學校、參與線上課程等任何事情，只要勇於嘗試，再微小的事都會有收穫。有了結果後，我就會構思新點子並展開試驗，而新發現總會令我振奮無比。年輕時的我不諳世事，面對自己的無知與無能，往往只是在原地僵住、裹足不前。等到上了年紀，臉皮漸漸變厚，有了「不懂又如何！」的自信以後，我開始懂得一邊摸索、一邊前進。也因為邁出了步伐，我不僅掌握了腳踏實地的感覺，也看見路邊盛開的花，觀察到頭頂遼闊的天空是什麼顏色。至此我才發現，自己終於對這個世界有些了解。

幫自己打地基，並不是挖好形狀就灌水泥進去，而是要不斷摸索、推敲，用鏟子一點一點地挖土，然後扎扎實實灌漿。因此，幫自己打地基時不能只是空想，一定要身體力行、努力挖土。無論年紀多大，只要願意拿起鏟子，哪怕只挖了一抔土，都能從今天開始幫自己打地基。

自己想辦法
克服閒暇與無聊

我父親今年九十歲，每週都很期待去買一次「迷你樂透」彩券。在家中，他用透明膠帶把A4紙貼成一大張，詳細寫下至今買過的號碼，並在中獎號碼上畫個紅圈，分析中獎趨勢。看著他坐在客廳沙發上攤開這張紙，我的心情有些複雜，我想這對他來說，大概是一種「大規模的打發時間」吧。

上了年紀、退休以後，每天都擁有二十四小時的自由時間，有時

我會覺得，這種「清閒」也許是最可怕的。如果一早醒來，整天都沒計畫，除了打掃和做飯之外無事可做，那我該如何度過一天呢？

哲學家國分功一郎的暢銷書《閒暇與無聊的倫理學》（暇と退屈の倫理学），引用了十七世紀法國思想家布萊士・巴斯卡（Blaise Pascal）對於「閒暇與無聊」的探討。巴斯卡認為，獵兔人之所以打獵「無非是為了整天追逐不需要的兔子」，他還進一步分析：「人們渴望的並不是獵物，而是想逃避無聊、得到消遣，藉此對悲慘的人類命運視而不見，這才是打獵的主因。」

此外，書中還引述了哲學家阿倫卡・祖班契奇（Alenka Zupančič）的言論：「缺乏活著的感覺、找不到生命意義、無論做什麼都興趣缺缺，當人們處於這種狀態下，就會渴望『投入』、渴望『沉浸』。」

而我最擔心的，就是我老了之後，會無法「投入」和「沉浸」。

從小我就不喜歡獨自玩耍，小我四歲的妹妹會將兒童房的抽屜布置成娃娃的房間，或是讀故事書給小熊聽，她可以完全沉浸在想像的世界，一個人玩上好幾個小時。相較之下，我喜歡在戶外跳繩，聽大家稱讚我跳得好棒，如果沒有「別人」看著我，我就會提不起勁。

人生進入下半場後，我希望能提升這項「自我娛樂」的技能，並且慢慢著手練習。我認為巴斯卡並不是在指責「獵兔人愚不可及」，而是在剖析「獵兔活動」對人類心靈有什麼影響，以及人們為何會對此著迷，他是在解讀這種現象。換句話說，也許我們每個人都應該找到屬於自己的「兔子」。

幾年前，我開始打網球。由於學生時代我打過軟式網球，所以自認可以打得不錯，結果根本不是這一回事！我相當沮喪，決定一邊去網球學校上課，一邊參加私人課程。這讓我在這個年紀體會到「進步」的樂趣，我完全沉迷其中，對我來說，打網球正是我的「兔子」。

日常生活中的小習慣也可以成為「兔子」。例如，逐步改變打掃的方式，讓每個角落都乾乾淨淨；或者研究如何讓豆腐泥拌菜變得更好吃，不要一直出水等等。銀座酒吧「Rosenthal」的老闆島田由美子，在店鋪網站上連載了一系列「豆腐泥百大料理」食譜，我才發現，哇！有番茄紫蘇梅豆腐泥，也有芒果香菜豆腐泥，原來這麼多材料都可以拌豆腐泥，真是令人大開眼界！

幾年前，我在愛媛縣大洲市見到創立「Sa-Rah」服裝品牌的帽子千秋，訪問她對事業的規畫。她說自己正在「做實驗」，想看看完全不計資金與利潤，只專注在「自己熱衷的工作」上會有什麼結果。當時「做實驗」這個字眼深深吸引了我，令我印象深刻。

在人生的下半場，找一個「看不見的主題」，展開一場屬於自己的「實驗」，肯定很有意思。比如養成習慣於一天結束時，花幾分鐘回憶今天的事，同時想想明天要怎麼變化；或是寫讀書筆記，找出今天讀的書與一個月前讀的書有哪些共通點，並試著深入思考。自己設計一套實驗，然後一個人慢慢測試，再為新發現感到樂不可支，這或許就是戰勝老年閒暇和無聊的祕訣吧！

該改變的不是丈夫，而是我自己

現在我和丈夫的關係比年輕時融洽多了，吃完晚餐後，他會主動洗碗，也會悉心打理花園、修理鬆動的窗戶。我出差回來，深夜抵達羽田機場時，他會開車來接我，令我覺得十分窩心。

說實話，我是到最近才開始懂得感謝他的體貼。年輕時，我總希望他有一份充實忙碌的工作，賺很多錢，帶領我前進。當理想與現實出現差距，我就變得焦躁不安，老是想把自己的理想強加在他身上，

怪罪著：「為什麼你不這樣做？」、「你看我都這麼認真！」那時的我是個狂妄自大的悍妻，總是高高在上鄙視著他，心想：「我都這麼拚了，你也該跟我一樣啊！」

然而無論我怎麼哭鬧、生氣、抵抗，丈夫還是一點都沒變。漸漸地，我明白了丈夫有他自己的人生，即使我們住在一起，我也無權干涉。我曾以為既然是夫妻，就該有相同的價值觀，但人類終究是獨自生活的，自己的人生只有自己可以建構，自然也無法干預他人的生活。我花了很長的時間，才明白這一點。

不僅夫妻關係，在所有的人際關係中，試圖改變對方往往就是錯誤的開始。每個人都有自己的個性與人生，要改變他人是不可能的，然而我們卻常常希望對方成為心目中理想的人。像我對丈夫就有過諸多埋怨，對他說了許多刻薄的話，結果換來一次又一次的失望，最後只能死心。

奇妙的是，儘管丈夫沒有變成我理想中的樣子，但他找到了自己能做的事與可以發揮能力的舞臺，走出了自己的人生。而在一旁的我隨著年紀變大，想法也漸漸不一樣了，我開始明白埋頭工作並沒有多了不起，生活中重要的不僅僅是工作。

有一次，我和朋友說：「我以前一直很期待丈夫能帶領我。」她聽完笑著說：「一田，你在說什麼啊！你才不是跟在老公後面撿襪子的人呢，反而是他要撿你脫下來的襪子吧？」我愣了一下，心想：「真的是這樣嗎？」事實上，還真是如此。「從事一份心愛的工作」是我最重視的事，為此我從未停止奔波，假如丈夫要求我「為家庭犧牲一下工作」，我們大概就不會一起生活了。

不過，我可能不願承認這一點，所以還是每天煮飯，把房間打掃得乾乾淨淨，試圖表現出自己是個「賢妻」，可以為丈夫打理好家庭。這大概是因為母親是家庭主婦，而我始終將她當作楷模的緣故吧。其實，我耳濡目染的「模範夫妻」，與我內心渴望的「夫妻相處之道」是不一樣的，我應該以自己喜歡的模式去經營夫妻生活才對。

因此，當我承認自己「希望丈夫幫我撿襪子」時，夫妻之間的關係反而漸漸改善了。

現在，我非常喜歡與丈夫在黃昏時一起去逛超市的時光。當夜幕逐漸低垂，家家戶戶的燈火亮起，我們一邊聊著「今天要煮什麼呢？」一邊買菜，然後回到家一起站在廚房煮飯，喝著啤酒讚嘆：「哇，這蘆筍好好吃！」如此平凡的時刻，卻令我感到好幸福。

也許需要改變的是我自己。每個人重視的東西本來就不一樣，而且可以不一樣。年紀變大以後，當我開始懂得尊重人各有所好，我對丈夫的期望以及我對幸福的定義，便有了一百八十度的轉變。未來的日子裡，即使工作量下滑，能做的事情變少，只要能與丈夫坐在簷廊下喝茶，聊聊「今天天氣真好」，那就足夠了。現在的我，已經能夠體會這樣的幸福了。

花時間好好學習

這世上有很多我不懂的東西，像是「什麼是金融」、「物理學在學些什麼」、「歷史好艱深」、「照護的機制如何運作」等等。以前我會因為「不擅長這個領域」、「不知該從何處學起」、「就算學了也不懂」、「工作很忙，沒空學東西」等理由，對「不懂的事情」視而不見，並且拋諸腦後。如今已經過了每天全力衝刺的日子，或許是時候展開「學習」了。而所謂的學習，其實未必要多隆

重，也不一定得去上學。

去年有一段日子，我忙於照顧父母，內心始終無法接受父母「衰老」的事實，因而感到非常痛苦。如果我還年輕，一定會被「我好累」、「心好痛」等情緒壓垮，但或許是上了年紀的緣故，疲累難過之餘，我居然可以用客觀的角度去看待當時的情況，並且告訴自己：「現在不正是學習的機會嗎？」

於是我在購物網站Amazon上搜尋「老化」、「照護」、「長輩」等關鍵字，陸續購買了有興趣的書，例如鎌田實的《練習接受死亡》（死を受けとめる練習）、森村誠一的《老化的真相》（老いの正体）、齋藤孝的《人生「第二輪」才有意思》（人生は「2周目」からがおもしろい）、渡邊西賀茂診療所的《京都居家門診愛管閒事日記》（京都の訪問診療所おせっかい日誌）等等。在痛苦深淵中閱讀這些書，就像感冒時吃退燒藥一樣，深深治癒了我的心。這些書教會我從不同角度看待令人無法接受的「老化」，安撫了我的心情。而我也因此深刻體會到，這就是「學習」。

成年後若想「學習」，不妨從「我想知道的事情」著手。年輕時的學習偏向「紙上談兵」，現在的學習則是在生活中親自上陣，箇中樂趣只要體驗過一次就會上癮。這次的經驗也教會我，學習門檻可以降得很低，只要動手搜尋想知道的事，購買相關書籍就可以了。於是，「學習」不再遙不可及，想開始就可以開始。

近年來，學習的形式越來越多元化，尤其新冠疫情爆發以後，多了形形色色的線上講座，像我就參加了「簡化家庭財務」和「時間管理與日程安排技巧」的線上課。由於在家中就能上課，只要覺得「這個好像很有趣」，我就會立刻報名。

而現在，我正熱衷於Podcast和Voicy等音訊媒體。我會點播「COTEN RADIO」，聽深井龍之介生動活潑地講解歷史人物；也會點播「a scope」，聽主持人邀請各界專家訪談，從各種「角度」切入學習。這些節目都很淺顯易懂，一般聽眾皆可收聽，大大激發了我的求知您，令我完全上癮，甚至還可以在打掃和煮飯時一邊收聽，多麼方便。

世界上還有太多我不知道的事，有這種感覺是幸福的。所以上了年紀以後，我時常提醒自己不要失去好奇心、不要陷入停滯的泥淖裡，更不要整天抱怨「哎！怎麼這麼無聊」。為此，我需要「頻繁的刺激」。日常生活往往是千篇一律的，鮮少有劇烈變化，不可能時常感動萬分或有驚人發現。但是，人只要換個角度觀察，就能為花園裡盛開的一朵花而動容、為今天的頭條新聞而興奮。

重要的是，從尋常事物中找出新的觀點。每當直覺告訴我：「哦，這看起來很有趣！」我便會敲敲看那扇門。像我就是與攝影師朋友中川正子難得聚餐時，聽她說起Podcast很有趣，才知道有Podcast這種媒體。回到家後我立刻試聽，從此栽入Podcast的世界。回想起來，我真的好慶幸當初有這麼做，我相信「知識的刺激」可以讓人不論年紀多大，都保有「我還有好多不知道的事情」的好奇心，能讓人像小朋友一樣，用閃亮亮的眼睛觀察世界。

十年後也要閃閃發亮

年紀變大以後，一想到五年後、十年後的生活，心情便會很沉重。做不到的事情逐漸變多，無法像現在這樣行動自如，內心也會跟著麻木。「走下坡」一詞，多麼令人感到絕望與悲傷。

我以前採訪過經營甜點果醬店「**Romi-Unie Confiture**」的甜點研究家五十嵐路美，她的興趣是制定年度計畫表。我則相反，非常不擅長規畫「看不見的未來」，畢竟誰知道十年後會怎樣！

「不按照計畫走也沒關係啊！」路美告訴我：「不然我來教你怎麼制定年度計畫表！」首先，在筆記本上寫下二〇二二年、二三年等年分。將十年的數字寫完以後，在旁邊寫下自己的年齡，五十八、五十九、六十等等。依我現在的歲數，五年後是六十三歲，十年後是六十八歲，這些數字令我心頭一驚！光是把數字寫下來，就讓人感到相當震撼。

接下來，是在表格裡寫下想做的事情，但我想不出來要寫什麼！「路美啊，我真的想不到要寫什麼！」我哭訴道。「寫什麼都行啊，一田，你現在有想做的事嗎？」她問。「嗯——」我想了想：「搬家吧？」我小聲回答。「那很好啊！不如就規畫兩年後搬家吧。」於是她幫我在二〇二四年的欄目裡寫下了「搬家」。

「你想換一間什麼樣的房子？」路美問道。「嗯……我想要一間充滿大自然景觀的小平房，位置偏僻一點也無所謂，可是考慮到工作，也不能搬得太遠。」我說。「沒關係、沒關係，就算無法實現，想想也開心。」她的一席話令我產生了動力。「嗯，那我還想要一間獨立的小屋，在屋裡開寫作班。」我又接著說：「搬家後，我要把每天的生活都記錄在部落格上！」不知不覺間，我在腦海中勾勒出未來在森林小屋度過的每一天，那時，我才終於明白路美所說的「想想也開心」是什麼意思。

隨著年紀變大，「未來」變得比「過去」短暫，待辦清單也跟著減少了，但這是因為我習慣把「想做」和「做不到」的枷鎖拴在一起，才導致待辦清單變得越來越「空虛」。年輕時，我會設定目標，不斷尋找實現的方法，我認為這是使命。然而到了這把年紀，是時候擺脫這種方程式了。

即使上了年紀後很難完成待辦清單，但光是想像「要列什麼清單」就很快樂。只要能雀躍地朝目標邁出一步，那便足夠了。

待辦清單未必得是多大的夢想，即使是小小的幻想也無妨，例如幫自己出書、學會縫一件洋裝、開闢家庭菜園等等。如果只是因為

「我老了」就放棄，恐怕只會老得更快。

而一旦養成放棄的習慣，就會搞不清楚「我到底想做什麼」、「我做什麼的時候最開心」。公司、工作、學校、育兒……上了年紀以後，綁住自己的線一條條鬆開，照理說恢復自由身以後，應該可以開始做喜歡的事情了，可是很多人卻到了這時候，才驚覺不知道該做什麼才好。

人生開始走下坡，其實是換個角度面對未來的好機會。即使不確定能否實現，總之先開心地向前走，說不定就能走出一條光明燦爛的路。

路美的十年計畫表還有後續。寫完「幾年後想做什麼」，要接著思考這段期間該做什麼，然後填進表格裡。換句話說，即使不確定能否做到，也不應該隨便放棄，而是要循序漸進找出「能做哪些事」。

不管歲數多大，即使成為老太太，我也要勉勵自己用閃閃發亮的眼神遙望未來。

探索自我，找出寶藏

三年前我開了寫作班，為此我必須重新檢視自己下意識的習慣，釐清至今為止是如何「寫作」的。對我來說，這是一項非常艱鉅的任務，畢竟我從二十幾歲就投入採訪、思考、埋首寫作，有時收到編輯的回饋，便會想辦法讓文章更淺顯易懂。一路上我雖然不斷在摸索與嘗試，過程卻很匆忙，只是為了做好眼前的工作。至於我的腦內有什麼化學反應、我是如何評估文章的好壞，以及是怎麼提

升自己的寫作技巧，這一切就像黑箱作業，我始終沒有打開箱子一探究竟。

直到這一刻我才打開了黑箱的蓋子，檢查裡面的內容，並將之整理在筆記本上。然後，我發現一件很基本的事——我之所以不斷寫作，都是為了傳達某種資訊，而既然要傳達資訊，首先就得「明白」自己究竟想傳達什麼。採訪時聽完受訪者的故事，我常常深受感動，卻不太明白到底「為何而感動」，所以重新審視「懵懵懂懂的感覺」便是寫作的第一步。接著，我又發現把「明白」的過程寫下來，釐清「不明白什麼」以及「因為什麼事而終於明白」，能讓讀者產生共鳴。於是我開了寫作班，從不同角度挖掘、重塑「寫作」這件事。這次的經驗讓我開始思考，也許在我歷年累積的經驗裡，還埋藏著更多寶藏可以分享給大家。

最近我環顧周遭，發現「工作模式」變得很不一樣了。十年前，大家不是在公司行號上班，就是跟我一樣以自由業者的身分與公司簽約，但現在我身邊的女性一個個都創業了。對於必須照顧幼兒的婦女而言，重新就業非常困難，因此越來越多人開始摸索「能做什麼」，最後選擇自己創業。如今社交媒體發達，過去人們只能透過雜誌、書籍來「傳達」，現在人人都可以在自己的媒體平臺上發聲，舉辦講座、開班授課，或是製作東西在網路上銷售。她們大多是三、四十歲的年輕人，卻非常善於發現「自己現在能做什麼」。

我們這些邁入人生下半場的人，不也可以向她們看齊，審視自己擁有的東西，重新整理一番嗎？而我的建議是，不要只是悶著頭整理，最好能做成「可分享的形式」。至於到底要不要分享給他人，或者單純享受建構的過程、偷偷埋藏在心裡，可以等整理過後再決定。我相信，有了「傳達」這個目的，一定能更客觀檢視自己的經驗。舉例來說，我的母親沒有工作經驗，但她常常說：「我要成為專業的家庭主婦。」她身懷的絕技包括制定家務行程，在中午以前把家裡打掃乾淨；整理廚房流理臺底下的空間，增進收納效率；每天做出省錢又令人垂涎三尺的晚餐。也許她會說「這些沒什麼好傳授的」，但每次我回娘家都獲益良多，驚訝於母親的智慧，以及如何運用時間！我相信，即使是自認沒什麼了不起的心得，只要能用客觀角度重新檢視，一定都會誕生新的價值。

「探索自我、尋找寶藏」的優點，在於不必外出或汲取新事物，以現在的狀態就可以著手。面對人生的下半場，不妨就由重新檢視自己開始，然後一一列出自己擁有的東西，把它們加起來，思考該用什麼方式包裝並分享出去。願這樣的時光，能夠讓我累積至今的一切變得更加成熟美好。

擁抱永恆的事物

每天辛勤工作，開啟一扇扇新大門時所見到的風景，與退出第一線、不再創作、清閒度日時所見到的風景，是否會不一樣？上了年紀後，人生影像會不會褪色，變成只有黑白而不是彩色的？究竟什麼才是永恆不變？現在我常常思考這些問題。

有一間我非常喜愛的旅館，叫做「八岳高原小屋」，不過最近因為經營模式變更，氣氛和以前大不相同了。在我最忙碌、奔波不停的

三十歲時期，偶爾有了空檔，我就會一個人去住這間飯店。那時我還沒有駕照，必須乘坐JR到野邊山站，然後轉搭接駁巴士到飯店。我曾經在冬天淡季時前往，結果整輛巴士上只有我一個人。

有一次我筋疲力盡，丈夫看不過去，決定說走就走，立刻開車帶我前往。我們啟程時是傍晚，抵達小屋時，周圍早已一片漆黑。一下車，一望無垠的星空頓時映入眼簾，銀河彷彿隨時會從天上流淌下來。我走進房間，打開窗戶，窗外有一棵巨大的日本落葉松，看著它，我不禁在心中低語：「謝謝你總是在這裡陪我。」那棵日本落葉松多年來始終屹立不搖，也許數十年後，它依然會矗立在這裡。我深受感動，因為大自然是永恆的！

疫情之前，每到年底我都會「逃亡」到海外。身為自由業者，我隨時可以休假，實際上卻很難抽出時間，所以過年期間就成了我唯一可以心安理得休息的時刻。我會在年底時提前出國，於國外逗留一週左右，這是我重整一年、讓自己煥然一新的儀式。

我最常去的國家是泰國，一到曼谷就會立刻搭火車南下，從終點站轉乘一種叫「雙條車」的小公車前往港口，再乘船到島上。住在單層平房裡，早晨起來拿本書到海邊，游一會兒泳，回來看書，肚子餓了就用餐，然後又回到海邊睡午覺，醒來再游泳，周而復始。在幾乎無人的海中時，我會朝著彎彎的水平線游過去。漂浮在海面上，會感覺自己與地球融為一體，那種體驗非常奇妙。剛開始兩三天，我還會想著工作的事情，思索著「明年該怎麼辦」。但很快地，這些念頭就會被拋諸腦後，腦袋變得一片空白，不再思考任何事情，那種狀態真是愜意極了！

不管我是誰，又長了幾歲，海洋、山脈、森林和樹木等「大自然」永遠都在，因此人生的下半場，我想要進一步擁抱大自然。有一次在回家的路上，我匆忙騎著腳踏車，正要趕回家煮飯，赫然發現眼前這條朝西方延伸的路途盡頭，是一片被夕陽染得紅通通的天空，那幅美景令我看得出神，不由地放慢了踏板。整日忙碌下來，有時甚至會忘了一天之中還有「黃昏」。冬天早上出門散步，離家時天空還烏漆墨黑，但走了三十分鐘後，回程時東方天空已經泛起魚肚白了，那種神聖的景色，能令我忘卻對今日採訪工作的擔憂。光是鼓勵自己每天欣賞日出和日落，就足以讓我體驗到不同以往的生活滋味。這也是放慢生活腳步時，我所期待的樂趣之一。

我的娘家位於兵庫縣西宮市的夙川，那是一座以櫻花聞名的小鎮。有時正好在櫻花季回家，就會想起小時候拿著飯團，在河岸賞櫻花的情景。最近我常常會想，明年父母還看得到這些櫻花嗎？曾幾何時，與父母一起在櫻花樹下散步的時光，變得格外珍貴。無論科技再怎麼發達，櫻花還是每年只開一次，正因為大自然不受人力控制，所以教會了我們謙卑。

以前，當我全神貫注在自己身上時，大自然不過是生活的背景。明明自然就在眼前，我卻常常視而不見。直到我疲憊不堪、停下腳步，才猛然意識到自然的力量有多麼龐大。我相信，以後我老了，變得孤單寂寞了，沒有人來誇獎我的時候，我只須抬頭仰望星空或大樹、傾聽海浪聲、手握櫻花瓣，便能打起精神來。但願隨著年紀漸長，我能度過擁抱大自然的每一天。

即使凋零，也要繼續享受人生

保持好奇心，欣賞下坡路的風景

幫自己打地基時，先衝再說

自己想辦法克服閒暇與無聊

花時間好好學習

十年後也要閃閃發亮

擁抱永恆的事物

Chapter 2

往後的生活

面對老化

老了，也可以很幸福

去年，我母親做了肩部人工關節置換手術，連同復健在內住院了一個月。這段期間，我九十歲的父親獨自在家，因此我得來回奔波於兵庫縣娘家和東京自家，為父親準備飯菜、打掃和洗衣。以往我會在過年期間回去，出差時也會順道留下來過夜，比起一般人算是很常回娘家了。

然而，回娘家「作客」，與和父母同住一個屋簷下是截然不同

的。在廚房裡，我光是找鍋碗瓢盆就花了很大的工夫，不論是打掃方式還是丟垃圾的規定都令我手忙腳亂，不停嚷嚷著：「咦，到底在哪？」、「嗯……是怎麼來著？」父親是昭和時代的拚命三郎，只顧著工作而不知如何打理生活，不但不會操作洗衣機，連怎麼用微波爐加熱飯菜也不懂。一旦母親不在，他連基本生活都無法維持，這件事令我備受衝擊。這麼多年來，母親身為家庭主婦，從早上起床到晚上就寢，都在照顧父親的生活起居。

與父親一同生活後，我驚訝地發現，年輕時那個我看不順眼、奮力反抗、充滿威嚴的父親，現在已經衰老無比了。表面上他還精神抖擻，吃晚餐時也會高興地大聲聊天，然而昨天才提過的往事，今天又會跳針似地重複，飯後看電視沒多久便在沙發上打盹……。眼前的父親，體力與記憶力皆明顯下滑，變得虛弱不堪。而母親那麼愛乾淨，家中角落卻也積滿了灰塵，令我心疼不已，原來她的身體已經這麼不舒服了。

自從二十多歲離開家裡，這可說是我第一次陪伴父母這麼長的時間，然而突然就面對了父母的「衰老」。每當我感嘆「他們連這些事都做不到了」、「怎麼變得這麼虛弱」，就會被「老化」的殘酷和逼近的死亡陰影壓得喘不過氣，感到無比煎熬與痛苦。

一直以來，我的生活主軸都是「如何努力工作」、「如何享受生活」，口頭禪也都是積極向上的「更好」、「更多」、「更高」。然而，這次照顧父母的經歷卻令我頭一次意識到，人生不可能永遠走上坡，「老化」意味著一切都在「減少」、「下滑」、「衰退」……這令我難以接受。

母親出院後，因為手暫時不能動，我便在娘家幫了幾天忙。回到自家後心中仍然掛念不已，擔心著我不在家的話，兩老可以自己生活嗎？然而回到熟悉的家裡，能按照自己的節奏生活，還是讓我鬆了一口氣。這時我才靜下心來思考「老化」這件事，心中湧現的想法是：「老了也要過得幸福！」儘管父母會越來越老，但我希望他們可以幸福快樂。

其實母親這次手術後，因為腰椎管狹窄症導致腿部劇烈疼痛，精神上也承受著很大的壓力。那段時間新冠疫情正好爆發，我無法回娘家，令我十分擔憂。好在後來她遇到了良醫，疼痛也舒緩不少，兩老總算還能一塊生活。

父親會去逛附近的超市，如果在傍晚特價時買到愛吃的壽司餐盒，就會高興地向我報告：「這壽司好吃！」光是聽他報告，我就會忍不住拍拍胸口，覺得鬆一口氣。父親在日本經濟起飛的年代一直馬不停蹄地工作，來往於世界各地；母親則一面養育兩個女兒，一面學習裁縫，將家中打理得井然有序。然而那些是過去式了，很多事情兩老現在都做不到了。即便如此，他們還是會打開電視，一面收看阪神虎的比賽，一面津津有味地吃晚餐；然後定期回醫院就診，回程順道去吃烏龍麵，再開開心心回家。

看到父母這樣，我突然覺得，或許他們是在教我「幸福變老」的道理吧。過去，我一直以為「成長」、「進步」和「累積」才能獲得幸福，但也許世上還有其他的「幸福之道」。到了我這個年紀，也是時候切換到另外一條路了。

改帶小一號的錢包

我喜歡買漂亮的衣服，用好一點的調味料，旅行時住夢幻的旅館。這些年來我花了不少錢，明白品質好的衣服連剪裁都講究，而簡單的食材只要有上等調味料就能化為佳餚，優質的旅宿則讓人真正享受到奢侈時光。這些經驗對我來說無可替代，因此把心一橫買高級一點的東西，為我開啟新世界的大門，成為我工作的動力。

然而，當人生進入下半場，無法再「賺更多」的時候，生活自然

得節儉一些。最近我開始規畫如何節流，但我是個粗枝大葉的人，從來沒有記過家庭帳本，只有按照稅務顧問的建議，以記帳軟體記錄開銷。有人建議我：「你先試著寫一個月的家庭帳本，看看錢都花到哪裡。」一記之下真是不得了，伙食費高得嚇人。我常在住家附近的超市不經思考地採購，導致每月伙食費高於雜誌上刊載一般家庭開銷的兩到三倍，這讓我再度驚覺自己居然這麼會花錢！後來，我改去價格實惠的「CO-OP Mirai」超市，買菜的開支便立刻減半。原來，只要稍微注意一下，就可以改帶小一號的錢包。

說到節儉，總是讓人覺得必須委屈自己省吃儉用，但我發現，節儉的過程其實挺有趣的。例如最近我在「CO-OP Mirai」買了他們的自有品牌「家庭巧克力」當作零食，一袋有兩百克，價格卻只要兩百五十日元。以前我會買那種撒滿堅果和果乾、要價六百日元的巧克力磚，現在卻覺得這種就很好吃了！

我發現人生的安排很巧妙，「節儉期」和「慧眼獨具期」正好重疊。曾經我以為「非它不可」的東西，也許現在再問自己一次，我便能接受更經濟實惠的選項了。

現在我用的調味料都是精挑細選而來的，每瓶價格大約八百到一千日元左右，像是「古式井上醬油」、「三河味醂」、「千鳥醋」等等，這些都是採訪料理研究家的時候，一定會在他們廚房見到的熟面孔，所以我也有樣學樣買來用。不過每次回娘家，就會發現母親用的都是普通品牌，價格只有我用的三分之一左右。即使如此，母親做的燉蘿蔔和醋拌小黃瓜還是好吃得不得了，所以我開始反省，我真的需要這些高級調味料嗎？

因為工作的緣故，過去我經常參加時裝展，買了很多衣服。後來疫情爆發，展會紛紛取消，我也不再添購新衣，而這對我來說並未造成什麼困擾。到了這把年紀，該有的服飾品項我幾乎都有了，換季時，很多衣服甚至一整季都沒穿過，實在不太需要再添購新衣服。不過，買衣服有時著重的是「當下的心情」，即使同樣是灰色的褲子，三年前的款式和今年的款式在剪裁上也會有細微差異，襯衫的領子大小也略有不同。雖然我並不追求流行，卻認為必須適度加入新元素，否則會給人過氣的印象。時尚與花費之間應該是可以取得平衡的，與其像以前那樣買東買西，不如每年只添購一件新品，讓打扮融入今年的流行就可以了。如此一來，便能將新品與幾年前買的褲子搭配起來，享受今年的時尚風格。

年輕的我還很「懵懂」，買來用看看、穿看看，是我探索新世界的方法。像我一開始只知道超市二樓會賣餐具，後來接觸了藝術家的作品才改用。然而，見過形形色色的風景後，我發現自己繞了一圈，又回到超市二樓買適合當下生活型態的餐具。我決定把用於增廣見聞的錢包收起來，換成小一號的錢包，只為滿足自己簡單的日常所需而購物，不再羨慕別人擁有什麼或者媒體又介紹了什麼。但願在人生的後半段，我能像這樣好好管理我的錢包。

配合體力追求美食

我以前常在晚餐時段做炸物，雖然不是炸豬排或炸肉卷等功夫菜，只是簡單的炸蔬菜、炸春卷或炸魚等等。每次聽到有人說「炸東西會弄髒廚房，所以從不做炸物」，我都覺得好可惜。因為炸物既簡單又好吃，而且趁油還沒冷卻時，擦一下很快就乾淨了。然而不知不覺間，我做炸物的次數也漸漸減少，一開始是因為丈夫變得不愛吃，接著我自己也不太想吃了。原來飲食喜好真的會隨著時間而

改變。

常聽人說年紀大了以後，食量會慢慢變小，對外在刺激的渴望也會降低，反而覺得「在家吃飯」更幸福。以前我習慣把工作擺第一，做飯時總是心不在焉或不耐煩，但最近卻發現「吃得津津有味」比什麼都令我開心。因此，我決定配合現在的年齡和身體狀況，做出合適又豐盛的餐點。

話雖如此，每到傍晚還是會煩惱該煮什麼才好，或是覺得很麻煩，這時我會鼓勵自己當個「小菜大師」！比如說，將水煮甜豆莢加入番茄和鹽麴拌一拌，或是將水煮四季豆與美乃滋、芥末拌一拌，或者把紫高麗菜切絲後與醋、蜂蜜和橄欖油拌一拌等等，這些小菜都只要汆燙再切一切就能完成，既簡單又迅速。

另外，也可以將雞胸肉切片裹上太白粉煮熟，與洋蔥絲、水煮秋葵拌在一起；把山藥煎一煎，和涮豬肉一起用醬油麴涼拌；在紅蘿蔔絲中加入鮪魚罐頭等等。像這樣在小菜中加入肉或魚就能增添分量，即使沒有主菜也能吃得很滿足！

除了番茄這類會出水的蔬菜以外，其他菜色都可以事先準備好，因此只要大量製作一兩道小菜放到冰箱裡保存，當天只須再做一道菜，就能輕鬆迅速準備好一餐。而美味的祕訣就在於口味的搭配，可以用美乃滋、醋、鹽巴、醬油等組合來變化，今天吃這些口味，明天吃別的口味，然後再換回這個口味，讓菜色的調味相輔相成，就能令人食指大動。

此外，擺盤也很重要！畢竟都只是「小菜」，單獨上桌會顯得不夠豐盛，但若是把兩三道小菜盛在一起，那種「小而美」的感覺反倒會勾起人的食慾，非常神奇！我會把小菜盛在大盤子上做成拼盤，最常用的盤子是有深度的古老法國橢圓盤。在這個盤子盛上三道小菜，每道因不同蔬菜而顏色各異，不僅色彩繽紛，也顯得非常豐盛。

某天我不想只吃小菜，還想吃口味重一點的東西，就在超市買了冷凍焗烤，結果品質出乎意料得好！從那時起，我就成了這項商品的忠實顧客。以前我幾乎不買冷凍食品，但這款焗烤倒是很不錯！

母親身體欠佳時，我回到娘家發現冰箱裡存放了很多熟食。從小到大，我們家的菜都是自己做的，很少在超市買現成熟食。而現在只需要煮飯、泡味噌湯，搭配買回來的熟食再加上番茄片，就能完成一餐。這樣簡單的菜色，對於上了年紀的父母來說已經足夠。體力衰退後，每天煮飯變成一件苦差事，明白這件事後，我也開始告訴自己，做不到就不必勉強。聽說不僅年輕人，很多老年人也會在便利商店買一人份的熟食，這也難怪。所以為了父母，我經常寄些好吃的香鬆、罐頭等下飯的美食回娘家。

以前我認為菜必須自己做，食材要健康，菜色還得豐富多樣，但是一味追求「越吃越好」只會越吃越累，徒增自己的煩惱。年輕時我很堅持追求美食，而且要色香味俱全，現在卻覺得，適合自己體力和年齡的美食就足夠了。吃個飯還要把自己累死，完全是本末倒置。讓思維靈活一點，拋開無謂的堅持，才是「吃得幸福」的訣竅。

別光是思考，要懂得聆聽身體的聲音

新冠疫情爆發前的那一年，我做了生平第一次的全身健康檢查，因為我在採訪時認識的一位長輩，苦口婆心勸我去做。

我是自由業者，沒有公司的例行健檢，頂多只有市政府提供的簡易健康檢查。長輩推薦我去東京某知名醫院，費用自然不菲，加上各種選項，合計超過十萬日元。但我還是抱著豁出去的決心，預約了全身健康檢查。

趁這個難得的機會，我還做了胃鏡和大腸鏡檢查。人生第一次的大腸鏡檢查，令我一早就苦不堪言，我喝下了兩公升的清腸藥溶液，不停跑廁所。內視鏡檢查也比想像中更難受，還因為太緊張，檢查後我出現低血壓，護士只好安排我到另一個房間躺一會兒……。這次大腸檢查發現有息肉，回診後接受切除手術，醫生採了檢體，要化驗是否為惡性。等待結果的期間，我寢食難安，心裡亂糟糟的，每天都過得很焦慮。

幸好結果是良性，而這次經驗也讓我對「健康」有了新的感觸。我的體內只要有一個細胞變成癌細胞，人生就會從此翻天覆地，令我不禁感慨，身體健康是多麼大的奇蹟！醫院通知的結果是「良性」或「惡性」，僅僅一字之差，就可能讓明日的風景驟變。這種恐懼令我心驚，深感「健康」與「不健康」不過一線之隔，結果是好的，只能謝天謝地。快樂變老的基礎無疑是身體健康，可是我卻無法控制一個小小的細胞不要從良性轉為惡性。生病與否，我實在無從掌握。

即使是相當注重飲食、有運動習慣的人，有時也會突然生病倒下，所以我決定至少要定期做健康檢查。雖然因為疫情爆發，我已經有大約兩年未檢查了，但最近我又預約了一次全身健康檢查，日期就定在寫這篇稿子的一個月後。就算還不到生病，上了年紀以後也會出現種種不適。像我年紀變大之後，不僅出現更年期的潮熱症狀，皮膚也變得很脆弱，用以往的化妝品會過敏；肩膀也容易僵硬，體力更是衰退許多，一會兒就昏昏欲睡。「奇怪，以前不會這樣啊」的情況越來越多，每次我都會想方設法去改善。

與自己的身體相處，讓我明白了一件事——實現願望的不是腦袋，而是身體。年輕時我會在腦海中制定實現目標的計畫，下定決心後便付諸行動，青春的身體總是能順應湧現的想法與點子，隨心所欲去執行。然而上了年紀後，不論在腦海中如何規畫，身體老是力不從心。因此，我決定改變順序，先調整好身體狀態。為了好好寫稿，晚上我會提早睡覺並早起，趁早上頭腦清晰的時候用電腦；為了改善皮膚狀況，我開始喝黑麴甘酒調整腸道環境，並確保充足的睡眠；為了緩解肩膀僵硬，我每天早上會做伸展操，動一動肩胛骨周圍的肌肉。

三年前我重拾了網球拍。儘管學生時代的我打過網球，但畢竟是三十年前的往事，這次光是在網球學校的體驗課程中跑兩小時，肌肉就痠痛了大約一個月，上完一小時的私人課程也覺得筋疲力盡。原來早在不知不覺間，我的體力已經下滑了這麼多。不過，人體即使過了五十歲，還是有可能進步。漸漸地，我開始越跑越久，肌肉也不再痠痛，一小時的訓練變得駕輕就熟。隨著體力增加，平日我也不太會感到疲累，變得更能集中精神。

起初，我的目標只是想改善自己的身體狀況，卻無意間慢慢學會了如何操控「身體」這輛車。創造對「身體」友好的環境，不再只靠意志力苦撐，原來能讓我心心念念的願望變得更容易實現。於是，我學會了放下無謂的執著、聆聽身體的聲音，這是我在人生下半場發現的新生活之道。

人生下半場的時間表

至今我的人生已進入下半場，依然過得開開心心，最主要的原因是我每天早上五點半起床。為了在五點半起床，我必須放下許多事情，首先得放棄晚上加班。以前，我經常在白天採訪，回家後吃飯，然後繼續埋頭寫稿。上了年紀後，我變得很容易疲倦，但即便在晚飯後感到昏昏欲睡，我還是會在晚上九點到十一點之間坐在電腦前，因為如果不這樣做，我就會感到焦慮。就算我東摸西摸，什麼

也沒做，若不把這個時段定為「工作時間」，就會覺得自己好像在偷懶。後來身體實在應付不來，我才鐵了心「晚上不再工作」。儘管內心仍會想著「應該再做一點」，但為了讓自己好好下班，我毅然斬斷這些不安的念頭。我花了很長的時間，才終於下定決心。

再來是晚上看電視的時間。沒有安排工作的日子，我會在晚上九點或十點收看電視劇或紀錄片，這是我的樂趣之一。但為了不在晚上工作，改成天天早起，我勢必得早睡。於是我養成了一過九點就去洗澡，然後在十點半就寢的習慣。因為到了九點，好看的節目差不多要播放了，起初我老是無法下定決心去洗澡，一看起電視便忘記時間，等回過神來已經十一點了，導致早上爬不起來，計畫只做一半。現在，如果我真的很想看，我會看重播。後來我才發現，其實我也沒那麼想看。

我是一個早上常常爬不起來的人，即使到現在，還是會把鬧鐘的貪睡功能設在五點，每隔十分鐘響一次，直到五點半才依依不捨地起床。剛起床時我總是半夢半醒，索性一起床立刻去洗澡。即使迷迷糊糊走進浴室，只要撲通一聲泡進浴缸裡，出浴時腦袋就會完全清醒。漸漸地，當早起變成習慣後，即使不洗澡，我也能神清氣爽了。

現在我起床後會立刻洗臉，接著出門健走，鍛鍊腿部和腰部肌肉，每次走三十分鐘，路程約兩公里。自從早上天天健走以後，就算採訪時走很多路也不容易累，打網球時耐力也變好了。回家後，我會鋪瑜伽墊，做十五分鐘的伸展和簡單的肌力訓練，這樣才能增加肌肉、保持良好的體態。這些都做完後，我開始洗衣服，一邊聽Podcast一邊打掃家裡，像是洗手間地板、廚房餐車、餐桌、電視櫃、書桌等等。打掃時我不會把每個角落都擦得一塵不染，只是簡單擦過一遍。我覺得用抹布擦拭比用吸塵器清理，更能讓房子維持整潔。

做完這一連串家事後，我會坐在電腦前更新部落格。此時已經是早上八點，我會一邊收看晨間劇一邊吃水果當早餐，通常是吃蘋果、柳橙、香蕉、奇異果、草莓等當季水果，每次選三種左右。早上吃麵包會害我打瞌睡，所以我只吃水果。吃完水果便開始寫作，全心全意投入上午的工作。以前我常遇到一個問題，那就是我明明得趕工，但引擎怎樣都發動不起來，需要好一段時間才能進入「工作模式」。現在我擁有充足的睡眠，起床後大腦的專注力大幅提高，工作也就更加順利了。

以上習慣並不是一蹴而就，有些行動在試過後沒有繼續，有些則經過調整。從四十歲後半開始，我一直在逐步調整，才終於摸索出現在的模式，可以說是我思索「上了年紀後體力下滑，如何愉快度過一天」的成果。

年輕時，只要在行程表上塞滿「待辦清單」就心滿意足了。可是上年紀以後，生活不再隨心所欲，就勢必得和自己的身體協調，反省一天之中何時效率最高、需要休息多久，以及該如何拿捏工作量才能保持最佳狀態，這一切都必須自己去思考和決定。過程中，還要懂得放棄，畢竟十全十美太困難了，不可能既做這個、又要那個，只能學會放手。塞滿時間表令人充滿希望，空出時間表則顯得手中的東西越來越少，難免會教人忐忑不安、空虛難耐，此時一定要堅持下去，學會把適合自己的量分配到適當的時間。願我能巧妙地安排人生下半場的時間表，直到最後一刻。

老了該住在哪裡？

大家有沒有思考過，老年退休後到底該住哪裡呢？擁有房子的人可能會選擇在自宅度過餘生，不過當家庭成員減少，其實也可以從獨棟樓房搬到小公寓。

我目前的住所是租賃的，如果退休後還要負擔這份房租，手頭會有點吃緊。所以我和丈夫討論過，不如去鄉下買一間價格相當於一輛車的小房子。但因為我仍在出版業工作，必須出門採訪或開會，還無

法離開東京，除非放下這份工作，才可以想住哪就住哪。

我們決定先看看房子。丈夫的老家在福岡縣，我們到當地旅行時，順道看了三、四間便宜的中古屋，有的位於海濱別墅區，有的位在山區。「哇，這種平房真不錯！」然而，沉浸在美夢裡的我們，很快就被現實擊敗，因為這些中古屋都無法立即入住，必須花大錢重新裝修。我們也跑去離東京稍遠的山梨縣附近，直接找房屋仲介看房，但看來看去，考量到現在的工作情況，我們的結論都是：「現在還不適合搬家。」

我腦海中描繪的夢想是住在森林小屋，我會坐在窗邊的書桌前，一面眺望窗外，一面悠閒地寫作。有時到森林小徑散步，有時去買菜，回家後再煮個果醬、烤個麵包……夢想的藍圖越畫越大。

但就在我沉浸於夢想的時候，母親住院了。體驗過一段照顧父母的日子後，我才明白老後「住在哪裡」不能只靠「幻想」來決定。為了去醫院探望母親，我必須坐公車去最近的車站搭電車，然後轉乘地鐵，到站後再走五分鐘的路才能抵達。對身體健康的我而言，這個行程尚且輕鬆，但如果要帶父親同行就很麻煩了。我必須考量到車站的樓梯，以及步行的距離。

此外，母親住院期間，我頭一次陪父親去他看病的大學附設醫院，到那裡必須先坐電車，再轉乘公車約半小時。其實，娘家正好位於大阪和神戶中間，不論去大阪或神戶，都只需要搭電車十五分鐘左右，地點相當方便。但對年邁的雙親來說，一路上可說是關卡重重，這是我以前從未發現的。

雪上加霜的是，母親出院後活動力不如以往，連日常購物都成了問題。儘管可以利用消費合作社的宅配服務，但每天吃的水果和早餐麵包，還是想去喜愛的店鋪購買。可是這麼一來，就得拖著購物車走上十五分鐘左右的路。父親以前有車，在七十多歲時將駕照繳回了。我這才明白，上了年紀後，連日常購物都變得多麼不容易。

所以，關於「老了住鄉下」的夢想，準確來說應該是「邁入老年前住鄉下」。六十到七十歲這段期間，若身體還硬朗，在鄉下生活一定很愜意。然而，當腿腳變得不靈活，或者因慢性病而需要頻繁就醫時，「方便」就顯得格外重要。仔細想來，目前我的生活環境中，超市、百貨公司、電影院、書店和醫院，都在步行距離內。儘管如今什麼都能在網路上購買，住得遠一點似乎也無妨，但我發現人到年老時，也許更需要便利的生活。我記得雜誌上有篇文章寫到，老後更應該住在鄰近美術館和電影院的市中心，我覺得非常有道理。

我身邊有不少人，都在人生下半場換了住處。像是在兵庫縣西宮市經營一家精品店的林行雄和多佳子夫婦，就因為健康因素而搬出自家，住進有照護服務的公寓。此外，他們還在淡路島租了一間價格實惠的房子當作別墅，如此不僅解決了老後的照護問題，也能享受人生餘下的時光。

對於未來的住處，我還沒有明確的想法，目前依然四處徵詢意見，摸索選項。住在哪裡，攸關老後的生活模式和生活品質，因此我希望從現在開始逐步模擬，找到適合自己的地方。

儘管在考慮金錢和健康這些無法逃避的問題時，難免會感到沮喪，不過想到人生最後居所的窗外不知會有什麼風景，我心裡還是有些期待的。

用「自我時光」充實每一天

小時候，我很不喜歡一個人玩。我無法沉浸在自己的世界，也無法靠想像力玩耍，如果沒人注意我、關心我，我就會覺得「很無聊」！直到長大成人，我的個性始終如一。工作時，我渴望得到別人肯定；煮飯時，我希望丈夫稱讚「很好吃」。我的生活因為有「他人」在，才顯得多采多姿。

前幾天丈夫出差，我獨自吃完晚餐後，打開「Amazon Prime」看

了一部電影。我拿出筆記型電腦，坐在沙發上，一邊喝茶一邊看《樂動心旋律》。故事發生在一個聾啞家庭，主角的家人全都失聰、無法說話，唯獨主角聽得到且口齒流利。她愛上了唱歌，決定參加音樂學校舉辦的試鏡會，然而家人卻無法理解她為何著迷，不懂她想做什麼，也不明白唱歌有多美妙。她在夾縫中痛苦掙扎，最後於試鏡會上，一邊比手語一邊用動人的嗓音對家人高歌。我邊看邊大哭，結束後不禁讚嘆：「啊，太好看了！」從電影世界回到現實後，我環顧房間，發現自己孤伶伶的一個人，但我一點也不覺得寂寞，反而感到很充實且心滿意足——原來晚上一個人看電影，會這麼滿足。也許變老就是這麼一回事吧。

以前只要沒有「別人」關心我，我就提不起勁。現在，我開始覺得觀賞一部讓人心滿意足的電影、閱讀一本書、品嚐一杯好茶，像這樣沉浸在「自我時光」或許也不錯。上了年紀以後，與社會的接觸逐漸減少，獨自在家的時間會越來越多，如果能夠一點一滴充實「自我時光」，也許一個人也能開心享受生活、樂在其中。

我有個朋友在山裡蓋了一棟房子，展開獨居生活，她問我：「要不要來我家玩？」我便應邀前往了。我們先是在附近的森林裡散步，她指著一塊岩石說：「這顆岩石上的苔蘚長得真漂亮。」隨後，她為我泡了一杯印度拉茶，我吹著氤氳的熱氣，趁熱喝完，真是齒頰留香！聊著聊著就中午了，她開始準備午餐。她先把玉米折斷，放進鍋子裡烹煮，起鍋後撒了一點鹽就盛盤。接著，她燉了一鍋蔬菜濃湯，又煎了鬆餅，塗上奶油並淋上楓糖漿。雖然不是豪華大餐，那頓飯卻吃得令人相當滿足！回到家後，我依然對在她家的時光念念不忘。

她遠離了都市，將資訊量縮減到能夠細嚼慢嚥的程度，並與大自然對話，用心體會每件事。她在山中獨處時所接觸的，是每天清晨都不一樣的苔蘚光澤，是附近農產品銷售站購買的蔬菜，是她愛喝的香料茶，這些小事物豐富了她的生活。反觀我自己老是匆匆忙忙，對很多事都是走馬看花，令我倍感慚愧。

那天用筆電看電影時，我心中竟油然生出享受「獨我時光」的喜悅，連我自己都感到驚訝。我彷彿在熟悉的時間之外，發現了另一道時間軸，原本黑白單調的「一人時光」，頓時變得色彩斑斕，彷彿我戴上了彩色眼鏡。對我來說，這樣的時光不只是「樂趣」，更是一種「思維轉變」。曾經「不喜歡一個人玩」、老是活在他人目光中的我，終於擺脫了別人的觀點，切換到自己的視角，這不僅從根本改變了我的生活，也顛覆了我的人生。

即使沒人肯定我、沒人讚美我，我也可以享受自己的時光。這種感覺，就好像爬山時一路都很介意他人目光，直到登上山頂放眼望去後，感到「風景皆為我一人所有」那樣的心曠神怡、神清氣爽。告訴自己「不要再介意別人的目光和評價，隨心所欲地生活」，也許就是人生後半場能夠幸福快樂的轉捩點吧。

即使無法一次到位，也可以過「簡約」生活

我的父母很愛乾淨，總是將客廳和餐廳打理得整整齊齊。但如果走到後面，就會發現客廳旁的和室裡堆滿紙袋，臥室書架上也擺滿父親說「很珍貴」卻不會再讀的布面精裝文學全集和外文書，就連壁櫥上方也塞滿了衣物箱！然而，對年邁的父母而言，如今要區分哪些東西「需要」、哪些「不需要」可以丟掉，恐怕是不太可能了。

看兩老這樣，我便覺得應該趁還有體力的時候，早點開始淘汰物品。問題在於，該在何時去做這件事呢？我偶爾才回娘家，能以「客人」的角度發現「東西好多」，但回到自家時，明明家裡也堆積了很多東西，我卻不以為意，甚至一點也不覺得東西多。在日常生活中，不淘汰東西也不會有什麼不便，我也就沒有特意去整理。

然而，很多「堆在角落的東西」是不需要的，處理它們可能需要一些契機，例如搬家或除夕大掃除。我想，最重要的還是得時時提醒自己：「總有一天我要處理掉它們！」並且鼓勵自己不要放棄。再來就是著手簡化「看得見的地方」，逐漸減少常用物品的數量。淘汰物品的過程中，那些不需要的東西該何去何從，最令人傷腦筋。還能用的東西，扔掉感覺很浪費，捐贈又要考量搬運的麻煩與花費的時間，結果壓力越來越大，「乾脆下次再說」，簡約計畫便停滯不前了。

新冠疫情爆發前，我常在家裡舉辦聚會，或是邀請三五好友來訪，那時我都會準備一個「隨意取用箱」，把不要的器皿或不再穿的衣物放進箱子裡，並且附上紙袋一起擺在玄關，告訴朋友們：「如果有喜歡的東西就帶回去！」這個方法非常管用，箱子幾乎每次都會被清空。

二〇二一年，我出版《大人的整理術》（大人の片づけ），向收納整理顧問「OURHOME」的Emi請教了收納技巧，開始著手整理衣櫥，並將以前當作書櫃的客廳壁櫥改造成專屬於我的衣櫥。那時，我處理掉了大部分塞滿壁櫥上層的書，包括我一心想永久珍藏的小說，還有以前常常翻閱的食譜和室內設計叢書。處理這些書籍時，我善用了舊書回收服務「CHARIBON」，只須將不要的書籍裝箱，透過網路申請，配送公司就會來取件並告知收購金額，再把這筆錢捐給慈善機構。

衣物是我最捨不得淘汰的東西，Emi教我的方法是，先把衣櫥裡的所有衣服取出來，然後只把「愛不釋手」的衣服放回去，而不是挑出「不穿的衣服」。結果，我發現愛不釋手的衣服，只有最近剛買又常穿的三、四件而已。其餘的則礙於「在朋友店裡買的」或者「很貴」而捨不得丟掉，然而我卻幾乎沒穿過它們。

話雖如此，我還是會猶豫，所以我將無法狠心扔掉的衣物收進「無印良品」的布盒裡，如果一年後拿出來還是沒穿，就會毅然決然地清掉。處理舊衣物時，我會善用慈善機構「舊衣換疫苗」（古着deワクチン）的服務，只要上網申請，就會收到專用的大型紙袋，將衣服裝進去寄出即可。每寄一份，機構就能捐贈五人份的小兒麻痺疫苗給發展中的國家。

此外，我也重新檢視了常備品的數量，將小方巾、浴巾和廚房抹布從各六條改成四條。床單和被套則保留正在使用的這套，再加上另一套備用。我也不再買「只有這道菜會用到」的香料，並把保鮮盒和不斷堆積的空瓶減至一半。

自從立定「簡約」的生活志向，購物時我就變得非常謹慎。而我發現物品減少後，需要花在管理物品上的「體力」和「時間」也跟著減少了，這對上年紀的人來說很有幫助。只拿出少量需要的東西，用完後立刻收好，讓日常行為的循環縮小，就能讓生活更輕鬆。希望我可以持續簡約生活，達到這個目標。

想想老了該怎麼賺錢

邁入老年，最令人擔憂的還是財務危機。然而擔心歸擔心，我卻不敢面對，長年將這件事埋在心底，對它視而不見。直到我上了一門線上的家庭理財課程，這是我偶然認識的一位財務規畫師開設的。

一般來說，想過上舒適的老年生活，夫妻每月大約需要三十五萬日元。從這個數目扣掉雙方的養老金，就能算出每月需要填補的差額

有多少。假設活到九十歲，六十五歲退休，就得準備二十五年分的差額。但我是自由業者，只有投保國民年金，退休金不到公司雇員的一半。列出不足的額度時，我簡直目瞪口呆。我從未有計畫地儲蓄，也沒有退休金可領，雖然買了少量的年金型壽險和自雇者專用的小規模互助保險，卻還是遠遠不夠。

於是我開始思考現在可以做什麼，首先，我決定過節儉一點的生活。只有魚類我會去專業水產店買，其他食材就直接到常去的超市採買。假日時，我會去農產品直銷中心買水果。我也重新評估了手機方案與長期訂閱的網路雜誌、串流影音服務。

「但這些不過是杯水車薪……」我一面質疑這麼做是否有效，一面又怪罪自己不懂精打細算，才會把開支管得一團亂，然後陷入循環。我也同時思考該怎麼慢慢增加儲蓄，並稍微研究了投資。

然而，我還是沒有找到根本的解決之道，每每一想到錢的問題，就只能唉聲嘆氣。就在這時，有人對我說：「沒關係！你就做到做不動為止。」這句話讓我愣了一下。前面提到的差額是在假設收入歸零後統計出來的，可是如今這個時代，通常不會一滿六十五歲便立刻失業，再加上我是自由業者，沒有退休年限，是否有工作取決於我的能力。即使收入微薄，只要能一直寫下去，就沒有非要湊到那令人望洋興嘆的退休金不可。與其過度擔心沒錢、為省錢而嘆氣連連，不如思考怎麼讓收入細水長流，我彷彿看到了一絲希望。畢竟現在即使是公司員工，也有百分之八十六點七的人在退休後因延長雇用或再次就業而繼續工作（二〇二一年Mynavi的調查結果）。

即便如此，我並無法保證能一直以「現在的條件」工作下去。假設我接不到寫作邀約，那就無法持續筆耕，因此「失業該怎麼辦」的焦慮總是揮之不去。我和同輩的同行聊過這個問題，她說自己也曾擔心以後無稿可寫，還找起了打工。她說：「其實在五十至六十歲之間，還是有很多打工可做，像是送宅配、在超市補貨等等，這些我都可以接受。幸好我有找找看，這樣安心多了。」

我的心願是將對生命的體悟寫成文章，並把這份感動傳達出去，寫到嚥氣為止。即使錢賺得不多，只要有一定的收入可維生，我便心滿意足了。但願我能找到令我雀躍的事物，然後孜孜不倦地寫下去。若達不到這個目標，也希望自己成為一個在不同領域打工時，能夠樂在其中的老太太。

年輕時，我可能會因為不能在第一線工作而感到難過、失落。如今上了年紀，看社會的角度更寬闊了，便知道老年的「另一種人生」也會有驚喜等著我！或許我去打工會遇到很多困難，或許一切都是我想得太過簡單，但我還是要從現在開始勉勵自己，條條大路都可以通往幸福快樂的人生。

為此，我的首要任務便是保持健康。只要身體健康，即使上了年紀，還是可以做能力所及的工作，可以回家煮飯，看著電視哈哈大笑邊吃晚餐，然後安然入睡，迎接新的一天。

成年後學習的意義

出社會後再次學習，稱為「recurrent」，而「recurrent」原本的意思是「循環」。學習、回歸生活、學以致用，然後再次學習——透過這樣的循環，就能讓人生越來越豐富飽滿。如今邁入人生的下半場，我也期許自己可以循序漸進「再學一遍」。

前面我曾提到「COTEN RADIO」，這是一個非常有趣的Podcast歷史教育節目，由COTEN公司的執行長深井龍之介主持，從各個角

度闡述歷史。其實在學生時代，我非常討厭歷史，心中總會嘀咕「背年號有什麼用？」、「古時候的事情學了也是白學，現在又不比古代」。透過深井的講解，我明白了法國大革命首度誕下現代人習以為常的「自由」、「人權」、「三權分立」等意識形態，用這顆震撼彈顛覆了世界，是現今社會中許多肉眼不可見卻影響甚廣的價值觀源頭。以前我只知道印度獨立之父聖雄甘地提倡過「非暴力抗爭」、「公民不服從」運動，直到聽完講解後，才明白這些活動的本質是「秉持『不徹底否定』的態度，致力消除社會中的對立」。

最令我佩服的是，深井活靈活現講述了古人的故事，令我深感歷史就是一串長長的鎖鏈，每個環節裡都有活生生的「人」。換句話說，學習歷史就是學習古人的處世之道，這麼一想，我就更想繼續學下去了！

我還讀了企業家山口揚平談「價值行銷」（跳脫賣家與買家的立場，分享彼此的新願景和價值觀，建立長期關係）的文章。文中提到一名花山椒農以高價向青山的熱門餐廳出售花山椒，對此山口表示：「務農維生的人，通常不敢高價出售農產品，因為農民認為土壤中長出來的作物是老天爺賜予的，人為抬高售價有違天理。換句話說，可以高價出售農產品的人必須非常理智，精神也要夠成熟，才能將農產品視為高經濟作物。賺取高額利潤後，生活與節奏便能寬裕些，可以投資未來或尋找更多志同道合的夥伴。」讀完這篇文章，我才明白「為自己定價」真正的意義。我一直以為「商業」與我八竿子打不著，商業專家這番言論對我來說，猶如醍醐灌頂！

原田舞葉的《美麗的愚者》，講述在大部分日本人都尚未見過真正的西洋畫時，一位實業家在倫敦和巴黎收購畫作的故事；後來正是因為他的收藏，日本國立西洋美術館才得以誕生。書中描述了克勞德・莫內（Claude Monet）、巴勃羅・畢卡索（Pablo Ruiz Picasso）等鼎鼎大名畫家生活的年代，讓我明白了欣賞畫作時，不懂也沒關係，重要的是感受到什麼。往後我一定要多去國立西洋美術館，細細品味與每幅畫的邂逅！

上了年紀以後的「學習」，與年輕時的差異，在於存取資訊的「硬碟」已經累積了許多經驗。而我發現硬碟儲存的資訊量越大，理解一項知識的回路就越多，也因為這樣，摸索如何將自身擁有的經驗與歷史、商業、藝術知識連結，就變成一項非常有趣的體驗！處理人際關係時，我可以像甘地一樣以「融合不對立」的視角切入；當我對自己失去信心時，就想想農民將田裡採收的花山椒高額出售，便有了抬頭挺胸的勇氣。藉著四面八方的光芒，我獲得了過去不曾有過的視角與思維。在這個過程中重新定義自身經驗，或許就是學習的意義。

以前提到「學習」，總會覺得邁出第一步的門檻很高，得去學校或文化中心才行。如今線上課程越來越豐富，又有Podcast和YouTube，在家便有許多管道可以獲取知識。我希望自己學習的步伐可以很輕鬆，發現有趣的議題就上網搜尋，或者收聽有興趣的線上直播，透過不帶目的性的學習，讓過去累積的經驗一點一滴更趨成熟。

發掘物美價廉的商品，也是生活的樂趣之一

配合體力追求美食

人生下半場的時間表

老了該住在哪裡？

用「自我時光」充實每一天

即使無法一次到位，也可以過「簡約」生活

13:20
COTEN RADIO
歴史を面白く学ぶ
歴史を面白く学ぶコテンラジオ（COTEN RADIO）
COTEN inc.
フォロー中
もっと見る
4.9
歴史
カルチャー
並べ替え
すべてのエピソード
#01 吉田松陰が脱落した衝撃の理由！ — COTEN RADIO
2018年11月30日・残り1分

成年後學習的意義

Chapter

3

人與人的相處之道

檢視人際關係

人生下半場如何交朋友？

上了年紀後，親近的人會越來越少，一來是升到更高的職位、離開了第一線；二來是孩子獨立後，以小孩為主的社交網路也不再熱絡了。我曾為多家出版社和雜誌工作，與許多編輯、攝影師和造型師都有來往，但當我逐漸轉型成「為自己寫文章」以後，人際圈便大大縮減了。

孤獨，正是高齡的一大隱憂，要是除了丈夫以外，沒有其他人能

和我說話，那該有多寂寞啊？如果沒有人陪我怎麼辦？想到這兒我便焦慮不已，告訴自己得趕緊交朋友！

我向來以工作為優先，因此幾乎不和人出遊，也鮮少與工作場合以外的人吃飯。等我發現「咦？我好像沒朋友」、「原來我活得這麼封閉」時，早就為時已晚。每次在社群網站上看到認識的人和志同道合的朋友處得和樂融融，我都會自我懷疑：「難道我在人際關係上有什麼做不好的地方嗎？」

為此，身為總編輯的我還幫《生活重心》出了一本特刊《調整與人的距離》（人との距離を、整える），專門探討人際關係。在採訪過程中，我拋出了「你有朋友嗎？」這個問題，結果雖然有人回答「有，而且很照顧我」，但更多人的回答卻是「幾乎沒有」。這令我相當驚訝，心想：「難道大家都這樣？」還有人說：「我覺得世上不可能有人真正了解我。」也有人說：「還是希望有一兩個願意雪中送炭的知心好友。」我這才知道，原來大家都比想像中的還要孤獨。

另一方面，自從年過五十，我也漸漸放下「我執」，不再像年輕時一樣堅持「我就是這樣的人」。最近我也開始約「認識但不熟」的人一起吃飯，想要進一步認識對方。我回頭想，為何當初沒有和對方立刻交好呢？可能是當我面對飲食很節制的人，會因為「我沒那麼自律」而退縮；面對在社群網站上積極發文的人，也會因為「我無法那樣推銷自己」而感到相形見絀。我總是盯著與他人之間的「差異」，擅自劃出了一道界線。

不過在上了年紀、遇過各式各樣的人以後，我慢慢接受了社會的多樣性，開始明白「我就是我」、「我和別人不同很正常」。像這樣擴展自己的價值觀，便能夠以有別於年輕時的方式來「交朋友」了。

換句話說，我不需要找所有喜好和價值觀都一致的朋友。假設我是一個「圓圈」，與A子有部分重疊，與B子有另一部分重疊，只要有一些共同點，就針對共通點來往即可。我也學會了和不同人聊不同領域的話題，因人而異調整相處的內容。獨立自主地和他人來往，而非一味迎合，是我好不容易才抓到的平衡。

明白「不必事事合得來」的道理後，人際關係就不會那麼緊張了。即使一年只見一次面，只要好好敘舊，從中獲得啟發和共鳴就足夠了；即使相約在附近喝杯茶，聊個一到兩小時，也能替自己帶來一番新氣象。

適度地「冷酷」，控制好人際關係，不要造成自己的負擔，友誼自然會細水長流。若想和朋友「膩在一起」，難免會動輒得咎，甚至勉強自己迎合對方。到了人生下半場，交朋友應該要更輕鬆、更隨興才是。只要放得下，即使年紀大了，一樣可以四處交朋友，共度友誼時光。

夫妻本就不同

我每天在廚房煮飯時，丈夫就會拿抹布進來擦地板，把飛濺出來的油水、掉落在地板上的菜屑清理乾淨。然而，他這個舉動實在令我火大，因為我並不是不清理，而是我為了煮出一桌香噴噴的飯菜，正忙著切菜、炒菜。每當他跪在我腳邊擦地板，我都會覺得自己彷彿做了什麼壞事而焦慮不已。我跟他講過很多遍，但他總是說：「不清理會越來越髒啊！」一點也不打算罷手。要讓他明白「煮

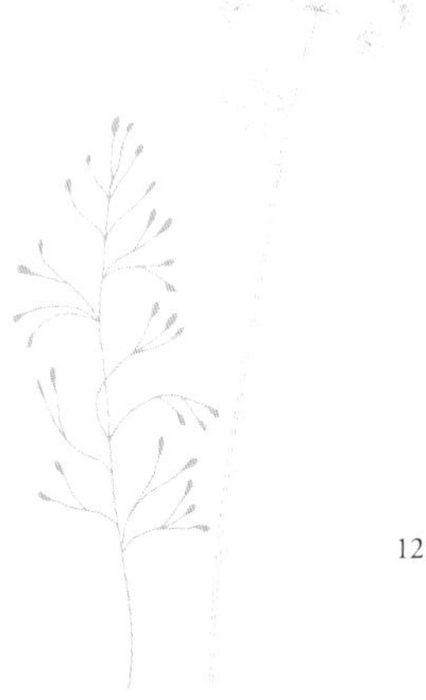

飯時有人在腳邊擦地板很煩」，大概是癡人說夢吧。

夫妻間一定有不合的地方，我花了很長一段時間才接受這件事。年輕時，我以為只要溝通就能互相理解、促進夫妻感情，但每個人的價值觀終究不同，即使是夫妻，也不可能完全合拍。或許唯有接受「不同很正常」這個大前提，才能讓自己不再因為對方而火冒三丈。

幾年前，丈夫突然考了重型機車駕照，還買了一輛機車，事先完全沒有和我商量。我家院子早就因為停了一輛車而變成停車場，現在又加了一輛重型機車，說有多礙眼就有多礙眼。而且騎機車一旦摔倒，極可能有生命危險，對我來說是「超危險交通工具」。再加上騎機車是單人活動，表示他根本沒有顧慮我，只想著假日自己出去玩，這令我很不高興。

天氣好的時候，丈夫會興致勃勃地騎車兜風，我送他出門時，總是不斷叮囑：「一定要小心！」丈夫說他從高中就開始騎車，最喜歡在風中馳騁的快感，途中遇到美麗的山海景色，還會幫機車和美景合照，再用通訊軟體傳給我。他也連繫上以前的朋友，不時展開兩天一夜的重機之旅。

過去我可能會抱怨：「你只顧著自己玩！」、「那我怎麼辦？」但我倆都是自由工作者，確實很難一起排休。而我自己也常出門與朋友吃晚餐或旅行，所以我決定不再管他，休假時各自做自己喜歡的事就好。

上了年紀後，人際圈縮小，夫妻的關係就越緊密，但如果只剩丈夫能陪著說話、出門，這樣的關係也不健康。夫妻還是要彼此獨立，擁有自己的興趣，並且能夠單獨行動比較好，而不是彼此依賴。所謂興趣，未必要多正式，像我九十歲的父親每週都很期待買一次迷你樂透，母親則熱衷於照顧植物，會栽培觀葉植物和插花。儘管母親插的花再美，父親也毫不在意，而父親花了多少錢買迷你樂透、中了多少獎，母親也渾然不知，但他們在家裡能自得其樂，便促成了和諧的夫妻關係。

當我對丈夫生氣時，我就會搬出魔法詞彙：「哦！」例如他開始擦地板並說著：「這裡有油漬。」我就說：「哦！」他說：「明天我要騎車去伊豆。」我也說：「哦！」這個詞也是我在勸自己，就算心裡不太高興，也別急著否定，不如就睜一隻眼閉一隻眼，得饒人處且饒人。

我們每天早上起床都得見面，晚上睡前都會說晚安，一切就像呼吸空氣般自然，倘若夫妻間有了嫌隙，壓力肯定大得不得了。我渴望平靜的生活，最好能揮揮手說：「我出門了。」微笑著說：「歡迎回家。」因此，不要逼迫另一半改變，也不要過度依賴另一半，找出「剛剛好」的相處之道，就是快樂邁向老年的基石。

用心陪伴年邁的雙親

每年的生日及父親節、母親節時，我都會拿出Ａ４紙，用麥克筆畫出父母的肖像並附上一句話，再用傳真機傳回娘家。雖然也能用電子郵件或通訊軟體，但我總覺得「手繪」更有溫度。今年我父親已高齡九十歲，母親也八十歲了，兩老的身體各有不便，但還是互相扶持、同甘共苦。

一直以來，我都覺得自己很幸福，因為父母從未生過大病，也不

曾住院，日子過得也算愜意。直到去年母親住院，我回到娘家長住，才發現原來很多事我都不知道。例如，以前母親出門可以輕鬆走十五分鐘的路，到稍遠車站前的超市買菜，現在卻連去鄰近商店買東西都吃不消；她的腰腿也不好了，打掃浴室變得非常辛苦；市政府寄來的文件也一下子就被她弄丟。

以前我採訪時會順道回家住一兩晚，當下從未發現這些狀況——實際上早就發生了。如果母親沒有住院，我可能仍然一無所知，每天還傻呼呼地以為「媽媽的精神一直很不錯」。

從那之後，每過兩三個月我就會回娘家住一段日子。母親已經沒辦法從壁櫥上方拿東西了，所以我替她將衣物換季；我也幫洗澡時腳步不穩的父親，在網路商店買了浴室專用的椅子。與兩老一塊生活後，我才注意到這些瑣碎的「不便」。爸媽不會上網購物，一想到缺什麼都得特地出門尋找，買完還要自己搬回家，他們就覺得算了，忍一忍就好。我得知此事後，立刻上網搜尋看起來不錯的商品，放入購物車，隔天就送到家裡了。母親還大吃一驚地說：「哎呀，這麼快就送到了？」這就是我在娘家的日子。

科技能讓做家事變得事半功倍。母親很愛乾淨，但身體動不了自然沒辦法打掃，為了讓她輕鬆點，我買了各種便利工具。例如，她沒辦法每天用吸塵器，所以我買了地板清潔工具，還囤了一些溼紙巾，教她用這些工具清潔廚房地板和玄關。母親因為握力變小無法擰乾抹布，於是我買了清潔紙巾，放在樸素的「無印良品」白色盒子裡，擺在家裡各個角落。這樣一來，不論要清理廚房油汙還是擦客廳的架子，用完後直接丟棄即可。

父親患有心臟病，總是隨身攜帶硝化甘油藥錠。他通常把藥錠放在錢包裡，某天我聽他喃喃說著：「好像有專門裝這個的項鍊。」我立刻上網搜尋，找到了合適的款式！收到火箭造型的項鍊後，父親馬上把藥錠裝了進去，心滿意足地戴在脖子上。這些小細節，只有陪在身邊時才幫得上忙。

其實，我三不五時會想著，如果父親先走了，母親一個人怎麼辦？是否該賣掉關西的老家，讓她搬到東京和我一起住？但母親的朋友都在關西，她能在陌生的東京生活嗎？對於年邁的父母來說，究竟什麼樣的生活才算幸福？看著他們「做不到的事情」越來越多，我心急如焚，總覺得住在一起會更安心。可是，光是回娘家待久一點，我的工作便毫無進展，無法維持原有的生活步調，搞得自己筋疲力竭。我這才明白，就算親如父母，想一肩承擔對方的生活起居是不可能的。萬一連自己也垮了，雙方都不可能好過。

當然，我還是打算接父母一起生活。我和丈夫談過，他也能體諒，但「那一天」或許可以再晚一點。也許，父母也想按照自己的步調度日，「做不到就做不到」可能是最佳的生活模式。至少在那之前，我可以偶爾和兩老一起住，陪在身邊經歷他們真實的生活，也能隨時上Amazon按一按，幫忙添購東西。或許，仔細「觀察」有哪些情況隨著時間改變了，便是與年邁雙親的相處之道吧。

向年輕人看齊

我們該如何看待自己所處的社會呢？觀點是會隨時間而改變的。近年，新冠疫情爆發，許多理所當然的事情都被顛覆，卻也多了不少新鮮事。例如，因為不能直接見面和集會，視訊軟體Zoom與線上會議頓時興起，讓相隔千里的人們可以輕鬆面對面交流，透過線上講座也可以學習瑜伽和烹飪。科技的應用改變了人們的生活形態，通勤不再是上班的標準行程，居住在市中心也變得沒這麼

必要了。

在泡沫經濟時期，渾身名牌、年收千萬、出手闊綽，是身分地位的象徵。後來有人提倡「簡約生活」，才興起了極簡主義。我剛成為作家時，「完美家庭主婦」的特輯非常受讀者歡迎，雜誌封面不是每個角落都打掃得一塵不染的家，就是一桌色香味俱全的好菜。後來，當讀者發現自己再怎麼努力，也無法成為完美家庭主婦時，便將興趣轉向了「慵懶生活」。如今，「知足就好」的價值觀越來越普及，大概是因為經濟發展停滯、工資不再節節高升等社會背景，讓年輕人更傾向於追求平淡的生活，而不是冒險犯難。

我們一九六〇年代出生的人，似乎很排斥「休息」，有人說我們是「連休息都要努力」的一輩，聽了令人感觸頗深。我以前最看重的正是闖蕩事業，但現在社會價值觀越來越多元，年輕人的想法已經變成「工作並非人生的全部」了。

這令我不禁感慨，時代在變，社會風氣不一樣了。有新的價值觀興起，也有新的思維出現，數位原生代的年輕人步入社會，想法當然和年過五十的我們截然不同。大眾對於「幸福的定義」，也隨著時代在改變。

我多次提及的深井龍之介，才三十七歲，就成立了「COTEN」。目前還在籌備一家歷史資料庫公司，希望讓大眾藉由學習歷史，了解人類經歷的種種，培養出不被「現代」常識及價值觀所囿的思維，建立俯瞰事物的觀點。他在節目上談到：「世上有些事是靠自己想破頭也想不通的，只能參考別人的思路與框架。所以不能老是關在自我框架裡，要學著跳脫框架。」他還說：「幸福人生的定義已經和過去截然不同了，以前的人認為上好大學、進大公司是一種『幸福的公式』。但到了現代，幸福變得越來越個人化，每一個人在參與社會時，都可以追求適合自己的幸福。」

每當遇到像這樣的年輕人，從我沒想過的角度照亮這個世界，我就會感到內心澎湃。原來，還可以用這種嶄新的視角擁抱世界，展開全新的明天！這是多麼令人欣喜的一件事啊。

他們可能會在鳥不生蛋的地方開店，為了悠閒度日毅然辭去工作，每每遇到這樣自由奔放的年輕人，我都會忍不住問：「那要怎麼賺錢？將來怎麼辦？」這些男男女女的回答是：「我不想勉強自己做不喜歡的事」、「想跟著直覺走」。也許他們所走的路，會通往超乎我想像的地方。

上了年紀以後，職涯穩定下來，往往就會覺得自己走過的路是正確的。其實，新的視角不斷出現，價值觀也一直在更新，我希望自己不論幾歲，都可以在這個過程中插一腳。因此，我會尊重年輕人、傾聽他們的聲音，並請他們教我很多事，成為一個向年輕人不恥下問的老太太。

人生只求輕鬆，那多無趣

我已經不再像以前一樣拚命了，因為我學會了區分哪些事情需要拚命、哪些事情不需要。年輕時，我認為只要努力，一切就會迎刃而解。但隨著年紀變大，我開始意識到有些事並不適合我，而有些事即使努力也無法改變。於是我放下了，承認「這對我來說是不可能的」。

剛成為自由作家時，我一心只想「接很多工作」，我要跟各式各

樣的雜誌合作，盡可能在更多雜誌上寫文章，成為一名「厲害的作家」。但很快地我便發現，有些工作我有興趣，有些則提不起勁，因此我開始思考如何將自己想做的事情與工作連結。像「吉祥寺指南」或「自由之丘漫步」等城鎮導覽的題目並非我的強項，逐一採訪、介紹店家的繁瑣工作不適合我的個性，所以我開始拒絕這類專欄，不知不覺接到的邀約就減少了，令我鬆一口氣。如果我一心只想接很多工作、賺很多錢，那麼我應該來者不拒，但那卻令我筋疲力竭。我發現，「摸清楚」自己喜歡什麼、不喜歡什麼，其實比想像中還要困難。推掉工作會令我產生罪惡感、覺得可惜，不過與這種鑽牛角尖恰恰相反的是，當我將不適合我的工作放下，我更能專心面對我喜歡的工作。像這樣幫自己減輕負擔，就是快樂變老的祕訣吧。

可是另一方面，我也對「年紀變大以後，工作越接越輕鬆」的傾向有些存疑。比如說幾年前，我在職場與同僚有些摩擦，與我共事的人並不怎麼看好我。我想與他同心協力，一起完成我一個人無法勝任的工作，但他卻不欣賞我的做法。這件事令我悶悶不樂，持續了大約兩年。那段日子非常難熬，但如今我走出陰霾後，回頭一看，才發現當初受的苦，令我獲益匪淺。

當我發現自己的正確答案並不等於他人的正確答案時，我只能逼自己思考對策。過程中，我找到了自己思慮不周的地方，改變了看事情的角度。我不斷地摸索，發現了從前被我忽略的觀點，覺得自己好像慢慢改變了。

只與合得來的人相處，既簡單又輕鬆，尤其年紀大了以後，更會覺得「不必再委屈自己」，而傾向只和志同道合的朋友聚在一起。不過，遇到「沒這麼合拍」的人時，我也不想一味逃避，我希望自己不論到了幾歲，都可以和人好好相處。如果今天出現一個我從未接觸過的類型，我也不會忽略對方，而是會保持一步距離，並試著先分析這個人在想些什麼。

價值觀會隨著年紀增長而確立，一旦成形，人生就會輕鬆許多。

不過，我倒是希望每年都可以撼動一下自己的價值觀，畢竟人是脆弱的生物，處在「輕鬆」和「安穩」的環境中，容易停止思考。所以我會刻意掀起一些「波瀾」，讓自己心中靜止的部分動起來。幸好我已經累積了一些經驗，可以冷靜地分析這種「波瀾」對我而言具有什麼意義。以前我只要被否定，就會覺得很受傷、委屈，但現在我已經可以退一步審視，思考能不能從否定中找出新的可能了。

我會在朋友圈裡，找平時很少講話的人聊天，遇到感興趣的人，也會主動搭話。像這樣故意找自己一點麻煩，其實還不錯。人生下半場可以不用拚命，但也別太輕鬆。我想，「生於憂患，死於安樂」就是這個道理吧。

學習「後設認知」，不當頑固老人

父親已經九十歲了，上了年紀以後，他變得越來越頑固。在日本經濟起飛的時代為公司賣命、打拚，一直是他的驕傲。每每聽他提及當年往事，我都會想起以前常看的NHK節目「Project X」人生紀錄片，心中既感動又敬佩。

但是，父親想將他在自己人生中找到的「真理」灌輸給女兒和孫子，可就不容易了。社會不斷在變化，連「什麼是人生的意義」、

「何謂工作」這種普世價值觀都在改變，如果他將自己深信的「真理」強加給身邊的人，必然會引發摩擦。

看到父親這樣，我也提醒自己，辛苦累積的工作經驗對我而言很寶貴，但這樣的想法不該強加於人。世界上有各式各樣的人與形形色色的價值觀，我的正確答案並不一定是他人的正確答案。上了年紀以後，更應該將這點銘記於心。

三年前，我開始上網球課。剛開始只是在附近的網球學校上課，但因為跟不上進度，覺得很懊惱，就加入私人課程，開始一對一向教練學習。疫情期間，我一度離開了設在室內的網球學校，最近又復學。原本充滿信心，畢竟我已經上了兩年的私人課程，技術肯定提升不少。然而，當我參加了一班大約有十名學生的團體課程後，我發現自己的正手拍和反手拍都不穩定，截擊也經常失誤。我一直以為自己的技術已經精進不少，事實卻令我大失所望。

回家的路上，我一面唉聲嘆氣一面檢討，終於明白了在私人課程的時候，教練會故意發好打的球給我，而和其他學生對練時，我根本不曉得球會從哪裡飛來，結果就失手了。原來在十人團體課中，要完美地將球打回去，是一件多麼困難的事。

這段經歷給了我很大的啟示——一對一看到的世界，和在一大群人中看到的世界是截然不同的。有些事自以為做得很完美，一旦放大檢視，缺點便原形畢露。當世界變遼闊，球就不可能老是飛到自己最好打的地方。

上了年紀以後，接觸的世界會慢慢變窄。與擁有相同價值觀、相同喜好的人窩在一起共鳴，真的很幸福。可是當同溫層太厚，往往會誤以為全世界皆是如此，我希望自己永遠不要忘記這一點。

最近我學會了「後設認知」這個詞。「後設」指的是「更高層次」，也就是透過「客觀的自己」或「另一個自己」，從更高的角度來審視自己當下的思維。

「後設認知」讓我得以接觸到與自己截然相反的意見及想法。我這才發現，原來過去的我總是在避免跟大家不一樣，我害怕遭到否定而受傷，只想人云亦云，輕鬆地隨波逐流。不過，我最近反而想挑戰「從否定中學習」。上完作家培訓班後，我會請所有學生填寫問卷調查，有個項目是「有什麼地方可以改進」。學生的回饋往往出乎我意料，令我獲益匪淺。例如，有人提到上課時間一長，就會抓不到時機去洗手間，希望可以事先告知「可自由進出洗手間」。這些雖然都是小細節，卻是我從自己的角度無法察覺到的，每次學生從他們的視角告訴我，都會令我恍然大悟。

當自己變成前輩，或在公司中占有一席之地以後，願意對你說「這樣不對」的人將會越來越少。因此，我希望多聽取年輕一輩的意見，問看看：「你覺得這怎麼樣？」保持可顛覆自己想法的靈活思維。年輕時，我總以為上了年紀以後，對任何事物都會更加篤定，現在我倒是希望老了之後，可以多參考別人的意見，不斷打破、重建既有的思維。

揭露不完美的自己，就是在尋找同伴

年輕時，我是個非常在意別人看法的人，不論做什麼事都會顧慮他人臉色。當有人要來我家做客，我會告訴自己：「身為居家生活類作家，一定要把家中打理得很整齊。」然後將屋裡每個角落清潔得一塵不染。在工作上，為了避免得罪編輯，我也時常壓抑自己真正的想法，只說些編輯愛聽的話。然而，這樣處處迎合別人，卻令我疲憊不堪。當我扭曲真實的自我，逼迫自己變得「人見人愛」，

活得宛如一條變色龍時，連我自己都不認識自己了。直到大約五十歲時，我才終於放下這種戰戰兢兢與在意他人看法的心態。

我開始老實地記錄、分析自己的自卑情結，像是粗心大意、三分鐘熱度、自信低落。剛開始我很忐忑不安，不確定這麼做對不對，然而並沒有人批評我揭露自己的缺點，這才發現，原來我可以卸下「偶像包袱」。即使我不完美，也不會有人批評我，明白這點之後，我肩上的壓力頓時減輕許多。上了年紀的優點之一，就是可以逐漸褪去武裝自己的外殼，活得越來越自在吧。

採訪剛出社會的年輕人時，我可以感覺到他們在拚命雕琢自己，試圖塑造出夢寐以求的完美形象。這個階段當然是必要的，可是每次看到他們，我總會想：「唉，那樣好累。」為什麼會累呢？因為必須「隱藏不完美的自己」。那種「不能穿幫」的壓力與焦慮，會耗盡人的心神，還不如早早坦白「我就是這樣的人」來得輕鬆自在。

然而，要切換到這種豁達的心態，勢必得累積一定的閱歷。我能在五十歲開始坦然面對自己，勇敢分析自我缺點，也是因為我對自己有了信心。我夙夜匪懈工作多年，算是累積了一些成績，因此當我在某方面不如意時，我可以大聲說：「沒關係，我有其他強項。」也因為如此，我才敢揭露自己的弱點。

年輕時，我之所以有偶像包袱，是為了獲得他人的肯定。但奇妙的是，當我卸下偶像包袱，身邊反而多了不少贊同的聲音。原來，人們從未要求過我要完美！這對我而言是個衝擊性的大發現。於是我試著坦白，說我忙得不可開交時，會放任廚房瓦斯爐滿是油汙；說我懶得清理洗衣機濾網，發現時已髒得不堪入目……。結果很多人都告訴我：「對，我也是！」沒有人能夠一直保持完美，總有偷懶或視而不見的時候。因此當發現別人也是這樣，自然會鬆一口氣：「哦，原來他也這樣，那我也還好嘛。」我想，展現真實的自我，就是在尋找同伴吧。

家務上做得不好尚且能分享，但工作上的煩惱與挫折，就令人難以啟齒了。然而當我傾訴「努力工作卻沒賺錢」、「和同僚處得不好」時，卻紛紛有人告訴我：「我也有這種經歷」、「當時我是這樣解決的」。原來，越是勇於坦白自己，就越能找到解決方案，進而加速自我成長。

不過有一點必須注意，「自我揭露」和「自我貶低」看似相同，實際上並不一樣。很多人會自我貶低，口口聲聲「我做不到」，連我自己有時也會脫口而出，但這往往是藉口，真正的原因是「答應了卻做不到會很丟臉」、「坦承做得到會有壓力」。況且，自我貶低很容易被看穿，而一個說謊的人，往往很難贏得他人的信任。

人是無法獨自生存的，做不到就去尋求他人幫助，做得到則換自己施予援手。而促進這個互信互助機制的第一步，就是卸下偶像包袱，但不要過度謙虛，而是要坦誠以對。如此一來，就能分辨自己「哪些事情做得到」和「哪些事情做不到」。能不能善用資源、向身邊的人求助，便是取決於能否明確找出這條界線。

單打獨鬥的時代已經結束

想從事一份好工作、想成為一個好人，但「好」的定義是什麼呢？這麼多年來，我不斷在思考這個問題，也一直在更新「好」的標準。我會與形形色色的人交流，接受刺激，大量閱讀並深入思考，然後自我提升，哪怕只多成長一點都好。即便是現在，我也保持這個初衷，希望變成老太太以後，還能持續蛻變，遇見嶄新的自己。不過，這麼做到底是為了什麼呢？總覺得年過五十以後，「好」

的目的似乎也漸漸不一樣了。

直到不久前，我所做的一切努力都是為了讓自己變「好」。可是，無論我多麼認真製作雜誌和書籍，也獲得了不錯的評價和銷量，但是半年後，人們的注意力就會轉向新事物。於是我糊塗了，猛然停下腳步，思考起自己究竟是為了什麼而努力？

昭和世代的我們，一向把頂尖大學畢業、進入好公司、順利晉升當作幸福的指標，可以說成功的路只有一條。由於目標明確，所有人都朝著同一個方向奔跑。可是，隨著社群網站發達，人人都能自由發聲，太多事情都化為了可能。不必進入好公司也可以從事好工作，不必升官發財也可以靠自己喜歡的工作謀生，甚至不必賺錢也可以很幸福。現在的價值觀越來越多元，是一個「幸福由自己決定」的時代，但這也意味著必須自己去尋找並定義「何謂幸福」。

看看我身邊，攝影師中川正子替染織藝術家女士拍攝定裝照後，不只協助宣傳策展，還一路陪同參與從岡山到東京的展覽。我受邀參加北海道肥皂品牌「SAVON de SIESTA」舉辦的活動時，經營吉祥寺咖啡館「coromo-cya-ya」的中臣美香，以及「kubo麵包」的久保輝美等夥伴也紛紛趕來捧場。花藝師平井和美，也在工作室開了中國茶藝課和里拉琴音樂會。大家都在「本業之外」與他人互動、連結並且樂在其中，期盼著「新的開始」。

我曾經暗自許願「我」要出類拔萃，「我」要比其他作家負責更好的專欄、「我」做的雜誌要比別人的賣得更好、「我」要寫出好書……結果，不過是把自己關進象牙塔，閉門造車罷了。然而，現代社會的風氣已經漸漸從惡性競爭、爾虞我詐中改變了，與身邊的人甚至是陌生人合作，交換彼此的東西，一同探索「什麼事物擁有新價值」，才是時代所趨。

二〇二二年六月，替我的書《你早說嘛》（もっと早く言ってよ）繪製封面的插畫家Kochi Hajime，於福島的一家咖啡館舉辦了畫展，我也興沖沖地坐上新幹線前去參觀。我租了一輛車，駛過蜿蜒的山路，終於抵達森林裡的「天空咖啡館」。那是一個美輪美奐的地方，牆上掛著Kochi的鬱金香畫作。咖啡館老闆阿部典子做的蔬食非常可口，我一邊享用美食，一邊豎耳聽Kochi分享成為插畫家的經歷。那天阿部一直忙進忙出，我沒機會與她深聊，後來她正好有事來東京，我們才相約在吉祥寺的一家咖啡館，天南地北聊了許多。

與他們的相處都是「額外」的，和「工作」一點關係也沒有。但Kochi和阿部都很高興，我也跟著眉開眼笑，畢竟和生活圈截然不同的人大聊特聊，真的很過癮！我希望自己在人生的下半場，可以好好珍惜這種「交流分享」的時光。

與他人互動、交心的溫暖，會一直留在彼此心中。但願以後我溫暖他人的時光，也會變成溫暖我自己的時光。跳脫了「自己能否成長」、「對自己有沒有好處」的框架之後，眼前或許就會有另一番全新的風景。

邀年長的前輩喝茶聊天

某日，我在開會前遇見了大井幸衣，她是我在雜誌《熟齡穿搭》（大人になったら、着たい服）中採訪過的品牌顧問。比我大七歲的她一直是我的榜樣，是她告訴我「存錢自立，生活會更自由」，也是她勸我「一定要去做全身健康檢查」，並將自己每年健檢的醫院介紹給我。「哇，早安！」我向她打招呼，聊到「我等一下要去開會」時，她邀我：「等你忙完，一起吃午餐吧！」開完會後我聯

絡大井，她說：「我做了些輕食，不然到我家吃吧？」我一聽立刻答應，興高采烈地拜訪她家，吃了一頓加了滿滿鎌倉蔬菜的美味午餐。

其實我很少這樣。以前的我一定會誠惶誠恐地說：「那怎麼行，太不好意思了。」直到大約三、四年前，我稍微放下「惶恐」，才發現這樣的交流不僅令我獲益匪淺，甚至能指引我邁開新的一步。

我剛成為自由作家的時候，曾參加津田晴美在新宿生活設計中心「OZONE」舉辦的講座。津田大我十四歲，她的散文一向令我愛不釋手，光是能聽她親口分享，我便激動得不得了。在講座上，我第一次知道有一種肥皂是用橄欖油製成的，叫做馬賽皂；也是頭一次得知她習慣在晚上只點一盞小小的閱讀燈來看書。光陰飛逝，當我有幸在《生活重心》雜誌上採訪津田，我真是感激涕零。後來，我得知津田回到了她的故鄉熊本，將原本開在新宿的店鋪「Quintessence」遷回。去熊本出差時，我猶豫了很久要不要聯絡她，最後決定放手一搏，結果她非常開心地接待了我，令我喜出望外。

那時，津田說了一個故事給我聽。她最近照顧過一位老太太，有時會做些飯菜送過去。某天，津田的丈夫抱著滿滿的新鮮番茄造訪，他問老太太：「阿姨，我做一些番茄義大利麵給你吃好不好？」做完後，老太太吃得津津有味，直呼可口。幾天後，津田前去打掃，發現冰箱裡多了茄汁義大利麵調理包。「她可能忘不了那天吃到的義大利麵吧？她去世時已經九十三歲了，喪禮後，我和丈夫說，好想再做一次番茄義大利麵給她吃。不過，我們都盡力了，所以沒有哭。人死便什麼也沒有了，珍惜『活著』的時刻才是真的。」

這個茄汁義大利麵的故事，告訴了我什麼是真正的照護。原來備餐不光是為長輩煮一頓飯，而是要與長輩分享自己真正覺得可口的東西。照護的大前提，是讓老人家開開心心到最後一秒。如今，當我照顧年邁的父母而頻頻卡關時，我就會回憶津田告訴我的這個故事。

年輕的時候，我很不喜歡向前輩求援。我會強迫自己「獨當一面」，逼自己站在與前輩同樣的高度和境界，以求獲得對方的肯定。

照理說我年紀比較輕，達不到相同的境界很正常，而且前輩本來就更有經驗，我追不上也是理所當然，大可不必與她們競爭、不當資優生。等到我想通了這層道理，我才開始「領受」前輩們的好意。其實每一次赴約，都是「花費」對方的時間，年輕時這樣做會令我很不好意思，坐立不安。後來我轉念一想，只要聚會時盡興，何必分前後輩，肩上的負擔就頓時減輕了。

上了年紀以後，我周圍的面孔漸漸都變成年輕人，更突顯了年長前輩的可貴。有別於年輕時的「無話不談」，這樣的交流只要半年一次或一年一次深聊就好。即使從前是「泛泛之交」，主動約對方喝茶，或許也能從寒暄聊進心坎裡。但願以後我可以活得更加坦率，真誠地邀請對方一起喝茶聊天，從優秀的前輩那裡學到更多經驗，成為一個「樂於接受」的人。

從「沒人需要我」到「為他人著想」

年紀大了以後，倘若丈夫先走一步，不愛社交的我一定會變得孤伶伶的，到時候我該如何過日子呢？一想到沒有人會邀請我，也不會有人來拜訪我，就覺得自己很寂寞。不過，光是等別人上門也不是辦法，所以最近我決定換個思路。

「別人是否需要我」不是我能控制的，與其鑽牛角尖，不如思考「我能為別人做什麼」更有建設性。可是我該為誰而做呢？而且很多

時候，困難與逆境都是突如其來的，我若要助人，勢必得擁有「說走就走」的行動力。

「為他人著想」其實比想像中更費時費力。例如，得知朋友確診新冠肺炎，若想煮飯送過去，就得先買菜、趕在晚餐前煮好飯、裝入保鮮盒再送到對方家裡；若想替對方張羅食品，就得買方便食用的水果、調理包、零食和新鮮果汁再裝箱寄送。光是這些步驟就很繁瑣了，所以往往會不了了之。不過若是能身體力行，就會發現「也沒那麼麻煩」。

為他人著想，便是從這些小事情著手的。以前我工作忙碌，很難這樣付出心力，現在進入人生的下半場，擁有充裕的時間，就可以好好助人了。不過這需要練習，得學會傾聽他人的聲音，再將聲音轉換成「我可以幫上什麼忙」，然後計畫該做什麼、如何做，並且身體力行。這種反射神經是透過不斷的行動，累積「感動」的成功經驗鍛鍊出來的。雖然很難一蹴可幾，但只要「有心」，就可以從現在開始慢慢慢練習。

倒也不必立定「我要當個樂善好施的老人！」這麼遠大的目標，只要稍微改變面對明天的心態，將看待自我人生的角度從「渴望被需要」轉換成「主動幫助他人」，便能讓心境大不相同。例如，得知朋友要去旅行，就把自己去過的口袋名單商店告訴對方；覺得這間店賣的餅乾很特別，就多買一盒送給愛吃甜食的朋友。像這樣改變視角，就能為平靜無波的關係注入一些暖流，即使只是一些小舉動，也能在雙方之間產生「體貼」、「窩心」的交流，而這也是老後我對自己的期許。

不過，若「為人著想」變成了「多管閒事」那就萬萬不可了。我有一位朋友，現在和女兒斷絕了關係。她女兒辭去工作，想尋找自己的志業，卻遲遲找不到下一份工作。朋友心急如焚，替女兒出謀劃策，但女兒只覺得自己的想法一再被否定，母親是在強迫灌輸價值觀。某天，女兒崩潰了，撂下狠話：「以後我的人生與你無關！」從此斷絕了聯繫。朋友說：「我都是為了女兒好呀……。」但在我聽來，她只是用自以為對的方式企圖控制女兒。

在為他人著想時，要避免強加自己的觀念，「這樣做一定比較好」、「應該怎樣怎樣」的想法是很不妥當的。無論自認多麼正確，人都無法改變別人，這點一定要銘記於心。

為他人著想時可以後退一步，從「或許」的角度伸出援手，例如「或許可以幫助到他」、「或許對方會高興」等等，這樣就足夠了。但願在人生下半場，我能為他人帶來這樣的小小暖流。

Happy 父の日!
2022.6.19
Happy 母の日!
無理をしないで毎日
ごきげんでいられますように
2022.5.8

用心陪伴年邁的雙親

邀年長的前輩喝茶聊天
協力：coromo-cya-ya（東京都武藏野市）

從「沒人需要我」到「為他人著想」

上了年紀，穿衣風格也要升級

怎麼樣都瘦不下來！

遇到更年期障礙時，多找朋友聊聊

小細節也要乾淨整齊

Chapter

4

平衡最重要

適當的健身與打扮

上了年紀，穿衣風格也要升級

我發現每隔十年，自己的打扮就會迎來轉換期。第一次劇變是我進入四十歲的時候，明明是一樣的衣服，卻怎麼穿都不合適，簡直走投無路，根本不知道自己該穿什麼才好。現在想想，二、三十歲時可以仗著年輕的本錢撐起任何衣服，名牌服裝就是安全牌，所以我以前總是藉著品牌來打扮自己。

當撇除了年齡、流行、品牌和受歡迎程度這些「衡量標準」時，

我突然不知道該依據什麼來挑選衣服，因此我製作了雜誌書《熟齡穿搭》，向那些打扮得宜的前輩請教該如何妝點自己。其實，我在挑選及搭配衣服前，就透過採訪發現了一件事——那些風姿綽約的受訪者幾乎都是短髮，個個看起來清爽又俐落，非常帥氣！我從大學開始一直到四十五歲左右，都留著及腰的羊毛捲長髮，而後，我便藉機剪了一頭俐落的短髮。如今短髮已經完全融入我的生活，我幾乎快忘了自己曾留過長髮。

若想改變一下以往的風格，換個髮型通常具有立竿見影的效果。我剪成短髮後，適合的衣服也不一樣了，變成扣領襯衫、簡約的錐形褲、夾克這些中性風格。如果怎麼裝扮都不好看，往往是因為沒有隨著年齡逐步更新自己的妝髮，即便穿著時下流行的服飾，頭部卻維持著過去的風格。不過，剪頭髮確實需要很大的勇氣，在我猶豫不決時，我的髮型師說了一句至理名言：「頭髮還會再長，不用怕失敗！」所以，出現「不太對勁」的感覺時，就是更新打扮的好時機；

也唯有「想讓自己變得更棒」的時候，才會產生這種感覺，如果此時嫌麻煩而放棄，就不會再進步了。渴望「優雅地變老」、「上了年紀也要打扮得漂亮」，就是提升自我的原動力。

我第二次迎來轉換期是在五十五歲左右。本來覺得中性風很不錯，以為自己終於駕馭了這種簡約風格，但早上照鏡子時，卻驚覺自己好樸素，一點都不閃耀動人，還有種「我怎麼像個大叔一樣」的感覺。後來，我才想到自己當時正值更年期。之前我適合中性風，是因為身上還留有一些「女性魅力」。而五十歲婦女的荷爾蒙已逐漸減少，反倒更需要「女人味」、「溫柔婉約」和「可愛」的感覺。我就是從這時開始會選擇一些荷葉邊領口的襯衫，以及蓬蓬的百褶洋裝。

掌握時尚潮流雖然有趣，但年紀大了以後，管理為數眾多的衣服也成了一件苦差事。我開始受不了必須從大量衣服中選出當天的穿著，所以不知不覺間，我開始考慮捨棄不需要的衣物，想要精簡衣櫃，打造「輕鬆的時尚風格」。如今，只要到了換季的時候，我都會重新檢視自己的衣櫃，果斷丟掉不穿的衣服，確保衣櫃裡都是「自己喜歡的衣服」。

透過這種方式，我的衣櫃變得一覽無遺，每件衣服都讓人「心動」，早上穿衣打扮也變得速戰速決。而最大的改變是，我開始覺得「天天穿一樣也無妨」。年輕時，我總想著每次打扮都要給人耳目一新的感受，但現在我釋懷了，只要是適合自己的衣服，一成不變又何妨。自從轉念後，我每天出門都變得很輕鬆愉快。

當「外表」和「自我」協調時，人就會更有自信。年輕時的打扮是為了展現自我，告訴全世界自己是什麼樣的人；上了年紀後的打扮則是在告訴自己，我只要做自己就好。但願我可以將自己的衣物整理得有條不紊。

怎麼樣都瘦不下來！

上了年紀後，身體的代謝能力越來越差，只要稍微吃多一點，體重就會立刻飆升。如今我的食量和身體能消化的量已經失衡，要是和以前一樣吃東西不知節制，讓身體來不及消化，體重就會慢慢增加。年輕時只要運動一下，體重就會直線下降，但最近卻減不下來。我在三十幾歲的時候，曾到健身房請私人教練指導，搭配健身器材進行嚴苛的重量訓練。指導我的是一名魔鬼女教練，我每週上一

次健身房，訓練時要用雙腿奮力推動非常沉重的腿推機十次，或是扛著槓鈴深蹲，體重一下子就掉了八公斤。

憑著當年的經驗，幾年前我下定決心再試一次，便去了附近的健身房。然而，經過二十年光陰，即使我像當年一樣努力，體重卻紋風不動，只是徒增疲勞，最後還因此搞壞身體而解約。那時我才體會到，我的身體已經不比年輕時了……。

既然沒辦法做高強度運動，我索性改成瑜伽和皮拉提斯，結果身體雖然變得比較柔軟，但體重依然沒有變化。經過了許多嘗試，有次朋友教我怎麼在家深蹲，這才第一次出現效果。深蹲的動作相當簡單，只要雙腳打開與肩同寬，臀部用力向後推，蹲到膝蓋和大腿呈九十度即可，但我一開始做兩三下便累到不行，根本做不來。不過，隨著每天不斷地練習，我漸漸能做五下、十下，現在我每天能做三十下。因為鍛鍊大腿這種大肌肉能提升代謝，結果我的體重開始下降，瘦了大約三公斤。後來我開始到有一對一教練指導的健身房鍛鍊深層肌肉，學習怎麼輕鬆重訓，並養成了重訓的習慣。

但是不管怎麼努力運動，只要稍微吃多一點，體重還是會馬上反彈。我並不希冀擁有模特兒般苗條的身材，但體重增加總令我覺得動作跟思考都變遲鈍了。如今我每天能做的，或許就只剩「控制食量」了。

每天的正餐我不至於吃太多，畢竟一餐吃得下的量本來就有限，而且我的年紀也禁不起暴飲暴食了。那到底是什麼吃多了呢？大概是「點心」吧。下午三、四點的時候，我常常會嘴饞，然後忍不住去吃零食，也許是巧克力，也許是大福；而光吃這些很難滿足，就會想吃鹹的東西，最後便忍不住去超市買了「歌舞伎揚」米菓回來嗑個過癮。丈夫說：「你吃那麼多零嘴，當然會胖。」我聽了很不高興，但我也意識到他說的確實有道理。如果我吃點心是好好泡一杯茶，配上大福，那倒也無可厚非，但我是從零食盒裡拿出仙貝，對著電腦吃，覺得吃不過癮就再去拿兩塊過來。我這才發現，這種無意識的不斷進食，正是「吃太多」的主因。

由於我意志力薄弱，一旦家裡有零食就會忍不住去拿。因此，我決定不把那些會令人一口接一口的零食帶回家！逛超市時，絕不許自己把解饞的古早味零食放進購物籃裡，以杜絕嘴饞的壞習慣。不過，我並沒有完全戒掉點心，如果真的要吃，就是「好好地吃」。我會在下午三點的午茶時間和晚餐後吃一些甜點，像是羊羹、自製的果凍或布丁等等。

還有，我早晚都會量體重。一兩公斤的起伏是很明顯的，只要檢查體重，就可以提醒自己「吃太多了」，藉此微調飲食。

年紀大了以後，體態難免會走樣，但只要稍加控制，穿褲子時小腹就不會這麼突出。如此一來，就可以充滿自信地穿褲子，把襯衫塞進去，讓打扮更多樣化。

體重是一種指標，會以數值反映日常生活的情況以及身體的狀態。正因為上了年紀減肥不再容易，才更要養成習慣，從內到外，好好地了解自己。

遇到更年期障礙時，多找朋友聊聊

將近五十歲的時候，我發現自己的身體變得有點不對勁。過了好一陣子，我才意識到這是所謂的「更年期障礙」，也就是婦女在停經前後大約十年，因卵巢分泌的雌激素荷爾蒙急劇減少而引發的症狀。

首先，最明顯的是潮熱。臉會突然變得非常燙，汗珠不停從額頭上滑落。夏天時，我一到採訪地點就會大汗淋漓，甚至會被關心：

「你沒事吧？」逛街買衣服時，也因為汗流浹背而不好意思試穿；妝容會花掉，好不容易畫好的眉毛也報銷了；襯衫被汗水浸溼，黏在背上……。所以我必須隨身攜帶大手帕擦汗，扇子也變得不可或缺，得在電車上不停搧風。儘管鬧出很多尷尬的笑話，但可能我天生厚臉皮，倒也不怎麼放在心上。幾年後，我突然發現這些症狀在不知不覺間消失了。

比較讓我擔憂的是「喉嚨有異物感」的症狀。不知從哪天開始，我的喉嚨出現一種前所未有的不適感，那種感覺和喉嚨痛不太一樣，像是有東西卡在喉嚨裡。在那之前，我剛聽說同齡的編輯得了食道癌，很擔心自己喉嚨裡是否也長了腫瘤。於是我去看了耳鼻喉科，醫生從鼻孔插入鼻咽內視鏡，檢查了我的喉嚨狀況，結論是「很健康」。接著，我又去甲狀腺科，醫生在我的喉嚨處塗上冰涼的凝膠，用超音波檢查，結果也沒有問題。可是，不適感依舊如影隨形，「怎麼會這樣？難道是食道有問題？」我決定做胃鏡檢查。拖著沉重的腳步前往附近醫院，結果醫生說：「你的食道很健康，別緊張。」聽到這消息，我才鬆了一口氣。

看來我的喉嚨並無異狀，那為什麼老是覺得如鯁在喉呢？我索性上網搜尋「喉嚨異物感」，結果這居然是更年期的症狀之一，許多人都有同樣的情況。「咦？所以是更年期障礙？」我大吃一驚。

那時正好有機會見到同齡層的朋友，我便提了喉嚨的情況。她也正為更年期障礙的其他症狀所苦，她告訴我：「大豆異黃酮很有效，可以補充身體無法自行分泌的雌激素。」並介紹了大塚製藥推出的「EQUELLE」營養補充劑。我馬上開始服用，結果僅僅一週，喉嚨的不適感就神奇地消失了！

不過，這款營養補充劑有點貴，於是我開始思考，也許可以自行補充大豆異黃酮。首先，我將牛奶換成了豆漿，還將日常吃的優格改成豆漿優格；我也把黃豆煮熟冰起來，加入湯裡或撒在沙拉上。

自從開始實踐「黃豆生活」，即使不服用營養補充劑也不會不舒服了。現在，當我比較疲倦的時候，喉嚨還是會有異物感，所以我常備「EQUELLE」，並把這個當成萬靈丹，遇到喉嚨不適時就吃一下。

過了五十歲以後，我的皮膚也變敏感了。眼皮經常紅腫，鼻子下方和嘴巴周圍會長出顆粒；有時膝蓋會癢，甚至脫皮。於是我把化妝品全換了！改用有機和低刺激性的產品，不斷尋找適合自己的款式。

更年期引起的身心不適因人而異，我的情形似乎不算嚴重，可是日常生活中的一些小狀況仍讓我倍感苦惱與焦慮。後來我發現，這種時候不要自己悶著，找人聊聊會好很多。像我原本以為只有自己會這樣，得知很多人也有相同狀況時很驚訝，聽到大家說「我也是！」、「沒錯！」之後，心情便沒那麼低落了。

雌激素減少是自然的生理現象，所以無法「治療」，只能「適應」。儘管身體出現了各種不適，卻也教會我「身體一直需要哪些成分」，以及「身體流失了什麼」，讓我對自己的身體有了更深一層的了解。

穿搭首重「輕鬆」和「舒適」

上了年紀以後，我穿搭的配件也不一樣了，最大的改變是鞋子與包包。多年以來，「chausser」的綁帶鞋一直是我的最愛，這牌皮鞋不僅適合搭褲子、洋裝，配上黑色、深藍色、白色等中性色調的衣服也很好看。某天，我得知在《熟齡穿搭》採訪過的女性前輩們，自某個時期開始都改穿運動休閒鞋。以前一提到運動休閒鞋，我總覺得太不正式了，看都不看一眼。後來我才知道，越是穿著合身的

襯衫或偏女性化的洋裝，越應該穿運動休閒鞋營造「反差感」，才開始慢慢挑戰穿運動休閒鞋。

我選了當時大家都愛穿的「New Balance」運動休閒鞋，顏色則挑上萬用百搭的煙燻灰、海軍藍等沉穩色系。試穿後我嚇了一跳，實在太舒適了！不論是出差時整日四處奔波，還是因活動而在百貨公司櫃前站很久，都不會覺得：「哎喲！腳好痠！」後來有人推薦我穿「SHOES LIKE POTTERY」的皮革運動休閒鞋，這款鞋子設計得很優雅，不會過於休閒，適用於任何場合。

再來是我從大約兩年前愛上的瑞士品牌「On」，這家推出的都是運動鞋，但設計簡約大方，可以穿出很棒的休閒風，而且每款都很輕便！不知不覺間，家裡的十幾雙綁帶鞋都被我收進鞋盒裡，換成三到四雙運動休閒鞋輪番上陣。一旦雙腳輕鬆了，全身的負擔都會減少，而只要身體不疲勞，就能長時間維持注意力。到了體力衰退的年紀，挑對鞋子絕對是一天舒適的關鍵。

不過，挑鞋子是有技巧的。某家選品店老闆給我的建議是，要挑尺寸大一到兩號的鞋子，不要選完全合腳的。鞋子如果穿太小，與服裝之間的比例會失衡，選擇「大一號」的鞋子，才不會有幼稚感。

另外，近兩三年來，我的衣櫃裡還多了背包。以前我喜歡拿越用越有韻味的皮革包，例如輕巧的「M0851」皮革包便是我的最愛。可是，因應新冠疫情爆發，出門得準備消毒噴霧、除菌溼紙巾、口罩等，東西比以前多，包包也被塞得滿滿。那時，我在伊藤正子的網路商店「weeksdays」發現了「AMIACALVA」的純白色背包。我以前一直覺得背包和運動休閒鞋一樣不夠正式，不過白色看起來很時尚，也很好搭配衣服。

一用之後，發現背包實在是太方便了！可以放很多東西，放入筆電或iPad背起來也不會重。我平常穿的衣服大多是深藍色和灰色，配上純白色的背包正好有畫龍點睛的效果，搭配起來深得我心。

其實，以前我也買過好幾次背包，但每次背出去時，都像是要去野餐，和我的工作服不太搭，最後這些新穎的背包就被我放到櫃子深處了。每次在街上看到年輕人隨興地背著背包，我都會仔細觀察，研究「到底哪裡不一樣」。這款「AMIACALVA」背包是針對都會生活而設計的，因此和常見的戶外品牌不同，沒有任何固定內容物的緩衝墊。也就是說，它「軟趴趴」的，背上後物品的重量會在背部形成「下墜感」。我這才恍然大悟，原來「下墜感」就是背包背起來好看的關鍵！

將時尚配件輕量化、休閒化的同時，有一點需要特別留意，那就是如果只以舒適為穿搭標準，造型可能會變得很老氣。某位時尚記者曾說：「日本人出國旅行時，都穿褲子配腰包和背包，實在休閒過頭了，希望大家可以穿得更有質感一點。」越舒適的單品，越需要在鏡子前搭配，像是選擇不易保養的「白色」來營造輕柔感，或者在挑尺寸時更加用心。仔細檢視自己的造型，就能讓時尚感更上一層樓。

幾歲開始不再「染髮」？

幾年前開始流行銀髮，我在採訪時也遇過許多留著一頭漂亮銀髮的前輩，期盼自己有天也能變得那樣迷人。不過，何時「停止染髮」還真是個大難題。我從三十多歲就開始長白頭髮，現在每個月都要去一次髮廊剪髮和染髮。染髮後大概過一個月，髮根就會慢慢變白。我雖然覺得一直染髮很麻煩，卻始終沒有勇氣停下來。

畢竟停止染髮後，並不會立刻長出一頭漂亮的銀髮。白髮每個月

大約只長一公分，要等很久才會夠長，變成好看的白髮或灰白相間的髮色。我在做雜誌企畫時，詢問過髮廊的設計師，對方建議我先將整體髮色提亮，染成粉藕色、霧灰色或銀灰色等淺色系，模糊與白髮之間的界線。

某天，一位年紀比我小、曾經和我一起採訪過銀髮專題的編輯，突然頂著銀髮出現，令我大吃一驚。一問才知道，她把所有頭髮都先漂白，然後染成了銀色，這樣白髮和黑髮的差異就不會那麼明顯了，可以慢慢把白髮留長。那髮色非常適合她，簡直帥呆了，看得連我都著迷。

前陣子，我去女建築師井上Naomi的家採訪。她留著超短的銀髮，沒有化妝，但依然美麗動人。仔細聊起來才知道，我們竟然同歲。她告訴我，把頭髮剪很短，銜接白髮會比較順利。

接二連三遇到留銀髮的人，讓我有了「是不是也該跟進」的念頭。於是我去了常光顧的髮廊，跟造型師討論：「我該不該停止染髮？」她的回答卻是：「或許可以再過一陣子，再來考慮看看？」我們已經認識超過二十年，她對我的工作和生活都瞭若指掌。「一田小姐的工作時常需要露面，突然換成銀髮，形象會差太多，建議慢慢來比較好。」她提醒著：「我相信換成銀髮的你會很美，但也可能會顯老，這點要特別注意喔。」

的確，我一想像現在的臉配上白髮，就覺得那好像不是我了。於是我放下了這個念頭，決定過一陣子再來留夢寐以求的銀髮。不過，造型師倒是建議我：「你可以從現在開始護髮，把髮質養好。」因為在漂白和染色的過程中，頭髮很容易受損，尤其是在停止染髮前的過渡期，頭髮的負擔會更重，如果髮質乾澀，將更容易損壞。

每當我看到留銀髮的人秀出以前黑髮時期的照片，我都會覺得白髮的她們變得更漂亮、更有氣質了，有種輕盈、自然的感覺。我常常在想，到底是差在哪裡呢？「老化」和「優雅地變老」之間究竟有什麼不同？

前些日子我和一位七十多歲的前輩吃飯，她告訴我：「六十九歲到七十歲，是老化與否的分界點。」她現在依然開設烹飪課，而且每天都會為附近幼兒園的孩子準備三十份便當，她說這是工作，替忙到沒時間做便當的媽媽們代勞。她今年生病休息了一個月，如今又回到崗位上。「有時我會想，做便當這麼辛苦，不然就算了。但我又覺得，再加把勁會比雙手一攤老得慢一點。」聽了她的心得，我想「樂於助人」就是無論到了幾歲，都能抬頭挺胸、充滿活力迎接每一天的原動力吧！

不知我老了以後，是否也有「場合」能讓我助人呢？想到這，我突然感到一絲不安。前輩接著說：「明天是星期六，只需要做一份便當。這孩子很有口福，因為只做一份便當的時候，菜色會比平常豐富許多。」是啊，就算只有一人受惠也無妨，重要的是找出自己能為他人做什麼，再雞毛蒜皮的小事也不要緊。

我希望自己上了年紀以後不是垂垂老矣，而是開朗又充滿活力。

我要找出自己能為他人做什麼，用笑容迎接明天，而不是等別人來施捨。我想默默幫助他人，不求肯定或讚美。從現在開始練習的話，或許有朝一日我也能成為適合銀髮的老太太，我會拭目以待的。

小細節也要乾淨整齊

幾年前開始，我養成了隨身攜帶牙刷組的習慣。以前我並不知道，年紀大了以後，牙縫也會慢慢變大，所以每次吃完飯去洗手間，看到鏡子都會驚慌失措。因此，現在我一定會隨身攜帶牙刷和牙膏。尤其採訪時會見到各式各樣的人，為了不失禮數，更為了在協商或與朋友喝茶時，能毫無顧忌地開懷大笑，我決定飯後都要好好刷牙！

上了年紀後，我發現乾淨比漂亮更重要。以前我去「gallery fève」負責人引田Kaori家採訪時，她給我看了她每天打扮用的鏡子。那是「貝印」牌的鏡子組，包含一個等倍鏡和一個十倍鏡。化妝前她會用十倍鏡檢查肌膚的細毛、牙齒和鼻孔。「老花眼加重後，連鼻毛冒出來都很難發現。」她笑著說。我聽完恍然大悟！「仔細觀察、揪出毛病」正是乾淨整齊的基本功。

到了夏天，我的包包裡又多了一組東西——防蚊液和止癢藥。年紀大了以後，蚊蟲叮咬的痕跡越來越難消退，大概是因為皮膚的新陳代謝變慢了，所以更要小心防範蚊蟲叮咬。我家是獨棟房屋，院子裡蚊子很多，每次到院子晾衣服，我都會在手腳上噴防蚊液。出門時如果要在戶外見面，我也會噴。我用的是「Perfect Potion」的戶外身體噴霧，成分只有精油和酒精。如果不幸被咬了，就盡快塗上止癢藥，避免抓破皮。嘗試過各種牌子後，我覺得最有效的是「Muhi Alpha EX」。搔癢感消退後，我會持續塗藥，這樣痕跡會消失得快一點，畢竟穿短袖或無袖時，手臂上有叮咬的痕跡實在不太美觀。

年輕時肌膚緊緻、氣色紅潤，即使不加修飾看起來也很漂亮；上了年紀以後，膚色暗沉、皺紋增多，就必須更「用心」保養了。以前覺得洗舊的T恤很酷，上了年紀後只覺得穿起來不好看，有點邋遢又沒精神，所以最近我也很少穿T恤了，改穿比較正式的上衣或襯衫，而且會用熨斗燙整齊。大概是因為若不補上流失的「俐落感」和「幹練感」，就很難給人清爽的印象吧。

幾年前開始，我常常受邀演講和接受雜誌採訪，事後看到錄影和出刊的雜誌後，赫然發現穿白色上衣看起來會很有精神。以前我總覺得「上半身穿深色」很時尚，例如白色褲子搭配海軍藍襯衫，現在卻覺得上半身穿深色，會讓臉色跟著暗沉。從那以後，我就開始盡量穿白洋裝或白襯衫。在採訪造型師大草直子時，她分享變漂亮的祕訣：「請人幫忙拍照，再檢查照片裡的自己。」這點我深有同感。只在鏡子前看自己難免會有盲點，照片卻是一覽無遺，像是「這件褲子雖然好穿卻讓小腹變大了」，或者「粗針織毛衣很顯胖」。退後一步檢視自己，確實是個好方法。

想要「乾淨」，就得持續「進步」，唯有不斷更新自己，才能如沐春風般清爽動人。最近我迷上用YouTube看新生代藝人和音樂人的影片，發現有這麼多人都擁有嶄新的工作模式、生活之道和思維！我年輕時視為理所當然的事情，現在已不再如此，許多我從未想過的新觀點都令我讚嘆連連、感動不已！但願我變成老太太以後，也能持續蛻變，發現新的自我，隨時保持一顆好奇的心。

後記

我家洗手間的抽屜裡，收藏著幾支用過的「香奈兒」口紅。那是我年輕時買的，後來覺得「這款橘色好像有點濃」、「玫瑰色系可能更適合我」，便喜新厭舊地買了新的口紅。由於只用過一點點，捨不得丟掉，就收在抽屜裡。

年輕時，我化妝會塗眼影、畫眼線，擦口紅後再加上唇蜜，最後輕輕刷上腮紅。那時候，我對顏色與質感的些微差異都很講究。

直到五十歲左右，我發現塗了粉底會讓眼尾皺紋更加明顯，上了眼影後眼皮也會變暗沉，才省略大部分的化妝步驟。現在只擦防曬霜而不再用粉底，然後簡單畫個眉毛、塗上唇膏。我的隨身化妝包因此小了好幾號，包包也變輕了，令人如釋重負！

如今，我只用一支口紅，而且一用就是一到兩年。不久前，我正在用的口紅見底了，打算買一支新的，結果偶然發現洗手間抽屜裡的

「香奈兒」。拿出來試了一下後發現：「咦？顏色還不錯！」於是時隔多年，它們又派上用場了。我怎樣也想不起來，當年為何會覺得這些口紅不好。現在，我的抽屜裡還有三到四支口紅，或許未來十年我都不必再買新的口紅了！

像這樣放下年輕時的小小執著，原本「不行」的就會變成「可行」，以前堅持「非怎樣不可」也變成了「倒也不是不行」。過去覺得某人不太好相處，再次聊過後，可能會發現「對方只是害羞，實際上人很好」，彼此敞開心扉。

我希望自己可以慢慢放下執著，變成一個善解人意的老太太，在上了年紀以後學會放手，學會接納不同的價值觀。我想善待他人，也想善待自己。但願我的心胸能越來越寬闊，擁抱越來越多的幸福。

＊本書完成於二〇二二年九月，為全新著作。

國家圖書館出版品預行編目資料

活得漂亮！給中年後的我自己：優雅的日常打理，讓人閃閃發光的37個練習／一田憲子著；蘇暐婷譯. -- 初版. -- 臺北市：日月文化出版股份有限公司，2025.03；200面；14.7×21公分. --（大好時光；90）
譯自：人生後半、上手にくだる
ISBN 978-626-7641-14-9（平裝）

1. 生活指導 2. 老年

177.2 114000235

大好時光 90

活得漂亮！給中年後的我自己
優雅的日常打理，讓人閃閃發光的37個練習

人生後半、上手にくだる

作　　者：一田憲子
譯　　者：蘇暐婷
主　　編：藍雅萍
校　　對：藍雅萍、張靖荷
封面設計：Ancy Pi
美術設計：林佩樺

發 行 人：洪祺祥
副總經理：洪偉傑
副總編輯：謝美玲
法律顧問：建大法律事務所
財務顧問：高威會計師事務所
出　　版：日月文化出版股份有限公司
製　　作：大好書屋
地　　址：台北市信義路三段151號8樓
電　　話：（02）2708-5509　傳　　真：（02）2708-6157
客服信箱：service@heliopolis.com.tw
網　　址：www.heliopolis.com.tw
郵撥帳號：19716071 日月文化出版股份有限公司

總 經 銷：聯合發行股份有限公司
電　　話：（02）2917-8022　傳　　真：（02）2915-7212
印　　刷：軒承彩色印刷製版股份有限公司
初　　版：2025年03月
定　　價：360元
I S B N：978-626-7641-14-9

生命，因閱讀而大好